滨海公路市政化改扩建设计实践

——以G228丹东线改线工程为例

刘　学　王能勇　孙　伟 **主编**

中国海洋大学出版社

·青岛·

图书在版编目（CIP）数据

滨海公路市政化改扩建设计实践：以 G228 丹东线改线工程为例 / 刘学，王能勇，孙伟主编. —青岛：中国海洋大学出版社，2023.6

ISBN 978-7-5670-3526-3

Ⅰ.①滨⋯　Ⅱ.①刘⋯　②王⋯　③孙⋯　Ⅲ.①公路—改建—道路工程—丹东　②公路—扩建—道路工程—丹东　Ⅳ.① U418.8

中国国家版本馆 CIP 数据核字（2023）第 103334 号

BINHAI GONGLU SHIZHENGHUA GAIKUOJIAN SHEJI SHIJIAN
——YI G228 DANDONGXIAN GAIXIAN GONGCHENG WEILI

出版发行	中国海洋大学出版社
社　　址	青岛市香港东路 23 号　　**邮政编码**　266071
网　　址	http：//pub.ouc.edu.cn
出 版 人	刘文菁
责任编辑	由元春　　　　　　　　　**电　话**　15092283771
电子信箱	94260876@qq.com
印　　制	青岛国彩印刷股份有限公司
版　　次	2023 年 6 月第 1 版
印　　次	2023 年 6 月第 1 次印刷
成品尺寸	185 mm × 260 mm
印　　张	10
字　　数	199 千
印　　数	1 ~ 1 000
定　　价	32.00 元
订购电话	0532-82032573（传真）

发现印装质量问题，请致电 0532-58700166，由印刷厂负责调换。

前　言

根据国家公路网规划，G228丹东线为47条南北纵线中的沿海重要纵线，承担我国沿海城市的长途和过境交通。同时，西海岸新区内线为青岛市、西海岸新区快速路网中的重要组成部分，承担着城市内快速交通过境的功能。

2021年3月13日发布的《国民经济和社会发展第十四个五年规划》中提出，要加快建设交通强国，建设现代化综合交通运输体系，统筹推进传统基础设施和新型基础设施建设，打造系统完备、高效实用、智能绿色、安全可靠的现代化基础设施体系。

本书以青岛市西海岸新区G228丹东线为例，从以下几个方面详细介绍了滨海公路市政化改扩建的设计要点。

（一）交通量分析及预测

交通量调查是公路项目设计的重要环节，其目的是研究项目所在地区公路交通量的特性和构成，掌握公路交通流量、流向及车辆构成等数据资料，为拟建公路交通量预测提供基础数据，同时也为经济评价、确定技术标准和公路设计建设规模提供可靠依据。本书在第三章节内容中详细说明公路项目交通量预测的方式及方法。

（二）公路（城镇段）改线走廊带论证

近年来，随着国家经济飞速发展，城镇化正在加速推进，原规划的公路体系穿越城市滨海核心区，公路长途交通与城市组团间中长距离交通、组团内到发和集散交通混杂，交通拥堵和干扰冲突严重，已成为制约经济社会发展的瓶颈。

（三）山岭隧道及特大跨径隧道设计

滨海城市的特殊构造造成沿海一线用地饱和开发，公路选线尽量避开沿海核心区，选择以隧道形式穿越山体。本书在第五章节介绍了浅埋短隧道、浅埋长隧道、山岭特长隧道、隧道内立交处特大跨径隧道等的设计概况和原理。

（四）城市桥梁设计

滨海核心区公路在人性化基础上进行设计，需体现城市品质，与所处地区景观、自然风光等相协调。本书在第五章节中，重点介绍了桥梁设计应遵循安全、适用、经济、美观的原则，采用国内外先进经验及技术，优化结构造型，在达到结构稳定及耐久的基础上实现与周边环境的融合。

编者
2023年3月

目　录

第一章

<<< **概　述**

第一节　项目背景

青岛市地处山东半岛南部，东、南濒临黄海，东北与烟台市毗邻，西与潍坊市相连，西南与日照市接壤，是山东省副省级市、计划单列市，下辖 7 个区、3 个县级市，总面积11 293 km²，常住人口 1 034.21 万人。其中，城镇常住人口799.65 万人，常住人口城镇化率为 77.32%。

根据《青岛市城市总体规划》，青岛市中心城区实施"全域统筹，三城联动，轴带展开，生态间隔，组团发展"的城镇空间发展战略，按照"三干、五副、多层级"网络型城市公共服务中心体系，将青岛打造成国家沿海重要中心城市和滨海度假旅游城市，国际性港口城市，国家历史文化名城。

2014 年 6 月 3 日，青岛市西海岸新区获得国务院批复，成为第九个国家级新区，同时也是 2014 年 1 月国务院出台《新区设立审核办法》后批复的第一个新区。西海岸新区陆域面积 2 096 平方千米，海域面积 5 000 km²、海岸线 282 km，辖26 个街镇、1 221 个村，总人口 180 万。西海岸新区位于京津冀都市圈和长江三角洲地区紧密联系的中间地带，扼守京津海洋门户，是沿黄海流域主要出海通道和亚欧大陆桥东部重要端点，与朝鲜半岛、日本列岛隔海相望，具有辐射内陆、连通南北、面向太平洋的战略区位优势。

层次分明、功能完善的公（道）路网系统是交通安全畅通的根本，是满足西海岸新区内外交流需求、推进国民经济和社会发展的原动力。根据西海岸新区国民经济和社会发展规划，西海岸新区立足未来发展要求，科学预判交通量，超前规划、全面提升交通网络布局。《西海岸新区综合交通规划（2017—2035年）》提出了打造新区"九横八纵"主干路骨架路网系统，与"四横四纵"高快速路网共同构成"十三横十二纵"对外骨架路网体系，连接东西城区和各大功能区，带动产业发展，实现通行功能优化布局的"大交通网"。

根据《国家公路网规划（2013—2030年）》，G228丹东线为47条北南纵线中的沿海纵线，其功能自北向南联系辽宁、河北、天津、山东、江苏、上海、浙江、福建、广东、广西等沿海省市，承担沿海城市的长途和过境交通，穿越城市路段兼顾地方交通服务功能。

西海岸新区范围内，G228沿昆仑山路—滨海大道走向，穿越城市核心区，公路长途交通与城市组团间中长距离交通、组团内到发和集散交通混杂，交通组织困难，干扰冲突严重，存在较大安全隐患；且现状日交通量超过6.7万辆，远超原设计交通量4.5万辆/日，交通量与日俱增，部分路段拥堵严重。基于现在的城区建设和道路通行能力，交通管理部门对昆仑山路（江山路以南）—滨海大道段采取限制货运车辆通行、以城市交通为主的管理措施，现状G228（穿城段）难以实际承担国家公路网规划的功能。

为分离公路和城市交通干扰，优化路线走向，恢复因城市规划建设被占用的国道路线和功能，缓解现状道路交通压力，保障路网安全畅通，结合前期研究，新区政府和交通主管单位拟对G228丹东线穿城路段进行改线，改线廊带东起昆仑山路（G228）—嘉陵江路交叉口、西至海西路—滨海大道（G228）交叉口，全长约30 km，线位沿"昆仑山路—嘉陵江路西延段—胶州湾西路—海西路—滨海大道"走向，沿城市开发边界外围绕开城市核心区，两端分别接入现状G228（昆仑山路、滨海大道）。

该项目建成后可实现国道G228路线优化，形成嘉陵江路—嘉陵江路西延—胶州湾西路—海西路快速通道，快速联系西海岸新区东部城区、唐岛湾中心区、转型发展区、西部城区、西客站功能区等组团，承担公路长途过境及西海岸新区组团间长距离快速交通联系功能。

根据现状情况，拟改线路线分为新建、现状利用两类路段。

（1）新建路段。即本次计划实施的G228丹东线（嘉陵江路西延段）改线工程，主体内容为穿越小珠山隧道工程，是实施G228改线的控制性工程，是制约建设工期的关键环节，也是施工难度最大的一段，工程范围东起昆仑山路—嘉陵江路交叉口、西至胶州湾西路—兰东路交叉口，全长约12.13 km，按双向6车道一级公路标准建设兼顾城市快速路功能，设计速度80 km/h，标准段路基宽28.5 m，桥涵设计荷载为公路-I级，桥涵及路基设计洪水频率1/100，地震动峰值加速度系数为0.10，基本地震烈度为Ⅶ度。

（2）现状利用路段。新建工程终点接入现状胶州湾西路后，沿胶州湾西路—海西路向西、南方向至滨海大道，接入现状 G228，现状胶州湾西路—海西路原为 S209，设计速度 60 km/h，近年来结合沿线城市化开发建设改为城市管理路段，计划继续按城市路段管理和通行。

G228 丹东线（嘉陵江路西延段）改线工程全长 12.13 km（含昆仑山路北—西匝道及昆仑山路主线衔接段），其中，隧道段长约 6.03 km（主线特长隧道长约 4.32 km，中隧道长约 0.91 km，短隧道长约 0.42 km、0.38 km）；高架桥长约 1.39 km（大桥 1 390 m/4 座）；地面道路（含开口段）长约 4.71 km；互通立交 3 座（昆仑山路立交、珠光路立交、星海滩路立交），分离式交叉 8 处（锦屏山路、金钟山路、香江路及规划外环路 2 处、规划珠宋路、规划崮山路、规划柏果河西路）；平面交叉 4 处；收费站 1 处，养护工区 1 处。

第二节　项目建设的必要性

（1）该项目的建设，是加强青岛作为新亚欧大陆桥经济走廊主要节点和海上合作战略支点城市的交通枢纽地位，能够更好地融入上合组织，推动山东自由贸易试验区成为新时代改革开放的新高地，推进胶东经济圈交通一体化建设的需要。

（2）该项目定位为次要干线公路，是国家普通国道网 G228 丹东—东兴线的组成部分，也是青岛市规划骨架路网中沿海横向通道的重要组成部分，是完善公路网和城市路网布局、发挥路网整体效益的需要。

根据《国家公路网规划（2013—2030年）》，普通国道网由 12 条首都放射线、47 条南北纵线、60 条东西横线和 81 条联络线组成。G228 丹东线为南北纵线中沿海纵线，功能上自北向南联系辽宁、河北、天津、山东、江苏、上海、浙江、福建、广东、广西等沿海省市，承担沿海城市的长途和过境交通，穿越城市路段兼顾地方交通服务功能。

西海岸新区范围内，G228 沿昆仑山路—滨海大道走向，穿越城市核心区，公路长途交通与城市组团间中长距离交通、组团内到发和集散交通混杂，交通拥堵，干扰冲突严重。基于现状城市规划建设和道路通行能力，交通管理部门对昆仑山路（江山路以南）—滨海大道段采取限制货运车辆通行、以城市交通为主的管理措施，现状 G228（穿城段）难以实际承担国家公路网规划的功能。

本次计划实施的 G228 丹东线（嘉陵江路西延段）改线工程：① 是保留国道主

体、优化路线走向、恢复因城市规划建设被占用的国道路线和功能的重要工程，有利于完善公路网布局，维持国道网的功能独立，均衡路网交通分布，缓解现状道路交通压力，保障路网安全畅通。②是青岛市中心城区及西海岸新区规划高快速路网中沿海横向通道的重要组成部分，未来将承担东西两岸城区的快速联系以及西海岸新区不同组团间的中长距离出行需求。因此，其规划建设对完善公路网和未来城市规划路网具有重要意义。

（3）该项目建设牢固树立和贯彻新发展理念，为西海岸新区建设山东半岛城市群的增长极、现代化经济体系的新引擎、新旧动能转换的引领区、高质量发展的国家级新区典范提供支撑。

根据《青岛西海岸新区总体规划（2018—2035年）》，新区城市定位为山东半岛城市群的增长极、现代化经济体系的新引擎、新旧动能转换的引领区、高质量发展的国家级新区典范，在促进东部沿海地区经济率先转型发展、探索全国海洋经济科学发展新路径和海洋强国建设中发挥积极作用。

该项目建设有利于加强国道网对山东半岛城市群的沟通和联系，落实半岛地区城乡区域统筹发展，完善基础设施体系的规划要求，构建多中心组团式城乡空间结构，促进城乡基本公共服务均等化，进一步完善公路、铁路、机场等交通基础设施，推动区域重大基础设施互联互通、共建共享，加强新区与青岛主城区及周边城市的协调联动。

（4）该项目建设是突破既有公路网和城市路网的制约与束缚，构建功能明晰、布局合理、衔接高效、集约节约的综合交通体系，是服务城市、功能区和组团高质量快速发展的需要。

西海岸新区公路网和城市路网布局受山体、海岸线、港口和铁路等影响明显，新区现有江山路、昆仑山路、星海滩路、大珠山路、海西路等北南纵向路线以及滨海大道、胶州湾西路、2号疏港高速等东西横向路线，公路与城市道路混合，长距离快速过境和到发、集散交通混杂，导致道路网综合运行效率低、高峰期交通压力大，主要道路基本达到饱和，服务水平持续下降。

近年来，虽然陆续实施了滨海大道（嘉年华段）拓宽、长昆立交、珠江路打通、G204拓宽等项目，在一定程度上缓解了交通拥堵，但从路网系统上无法分离快速、国道过境交通穿城影响，不能满足未来城区交通持续增长需求，亟需优化城区路网结构、分离交通功能、完善东西区联系通道、均衡交通分布。

嘉陵江路位于城区北部边缘，东联东岸城区，西达日照，是消除山体和海岸线阻隔，快速联系东西，分离过境交通干扰，提升城市交通品质，满足市民对于高效率、高质量、低影响城市交通需求的重要工程，是构建功能明晰、布局合理、衔接高效、集约节约的综合交通体系，是推动新区经济、社会及各功能区和组团向更高水平、更高质量发展的需要。

（5）该项目建设是构建新区骨架、支撑空间发展战略和产业布局，实现各功能区以及新区与青岛主城区融合发展、构建环湾都市区一体化格局的需要。

西海岸新区城市空间布局受山体和海岸线等自然因素影响明显，呈狭长、带状发展，东西两区间长近40 km、南北纵深最小处不足2 km，城市路网骨架受自然条件制约，集中于有限的空间走廊（小珠山以南至海岸线之间区域）。目前，区域东西向交通量达到13万～14万辆/日，但贯通的干道仅有滨海大道、胶州湾西路2条，现状均已达到饱和。根据上位规划，规划年限内两区间出行总量将达到90万人次/日，日均交通量超过30万标准车。该项目的建设主要是优化重构新区东西路网骨架，支撑未来城市空间发展和出行需求的需要。

西海岸新区为国家级经济新区，是形成半岛蓝色经济区核心、发挥青岛作为山东半岛龙头城市作用的重要区域，肩负着带动山东半岛经济发展的重任。新区产业规划以山东自贸区青岛片区为核心，形成"一核引领、三区布局"："一核"为自贸试验区联动拓展区，"三区"为唐岛湾总部科创中心、海洋经济集聚发展区、董家口新港城。该项目建设对实现产业片区高效衔接（尤其是自贸区青岛片区与海洋经济集聚发展区、董家口新港城之间的联系）、支撑产业布局、联动新区经济社会全面发展具有重要意义。

（6）该项目建设对提升珠山国家森林公园知名度，加快新区旅游资源开发向更高质量和更高水平提升，提高经济发展水平具有重要的意义。

珠山国家森林公园位于青岛开发区西部柳花泊街道办事处，是2000年12月经国家林业和草原局批准设立的国家级森林公园，距青岛市区约68 km。该公园面积40.79 km²，于2000年12月经国家林业和草原局批复建立。珠山国家森林公园内山势壮观陡峭，奇石形象逼真。主峰小珠山海拔724.9 m，为青岛西海岸群峰之最。其周围环列大小山峰40余座，群峰叠翠，山色各异，集奇险秀幽于一体，素有"东崂西珠，双珠嵌云"之称。整个珠山山脉呈东西走向，地形南高北低，绵延13 km，公园生态环境优美，自然资源丰富，与青岛崂山并称为"东崂西珠"。该森林公园地属暖温带半湿润季风气候区，空气湿润，雨量充沛，温度适中，四季分明。其境内山清水秀，自然风景优美，以其独特风景位列古胶州八景之首，与崂山隔海对峙，有"东崂西珠"之称，是胶州湾畔新型生态文化旅游胜地。

该项目建成后，对发展珠山国家森林公园旅游业意义重大。一是改善小珠山对外交通条件，缩短与周边市区的时空距离。在旅游目的地选择上，交通的便利与否是影响消费者出游与否的重要因素。G228丹东线改线工程建成后，市区至珠山国家森林公园东麓仅需1小时。便捷的交通条件加上丰富的自然人文景观和清新的空气，必将吸引更多的游人来珠山旅游、休闲、度假，从而成为青岛市区城市旅游休闲的"后花园"。二是开拓旅游资源精品线路，整合沿线旅游资源。新区旅游根据资源分布可以简单概括为"一体两翼五大板块"，其中，珠山国家森林公园是构成北部板块的重要组成部分，工程建成后，将串联起珠山国家森林公园—青岛西海岸生态观光园—大珠山风景区这条通道，可充分整合旅游资源，发挥旅游规模效益。交通条件的改善将极大地增加人们的出行愿望，从而促进新区旅游业的发展，带动交通量的增长，提高沿线经济水平，形成良性循环。

综上所述，该项目的建设对落实国家和省市战略、完善公路网系统、突破既有路网束缚、实现新区城市功能和定位、实现和推动新区以及新区与主城区之间高质量融合发展等方面都起着非常重要的作用，有利于加快新区旅游资源开发，提高沿线经济和社会发展水平，因此该项目建设是十分必要的。

第三节　主要结论

一、交通量预测

该项目在影响区内相关公路OD调查和12小时交通量观测调查基础上，调用了相关道路的卡口24小时交通量观测数据，以及S7602等相关高速公路的交通量、收费站及省界的门架数据，在此基础上采用"四阶段"法进行交通量预测。按照收费10元/车标准，预测交通量。

表 1.1　该项目远景交通量预测结果（单位：pcu/d）

路线	路段	2025	2030	2035	2040	2044	2045	2049
项目主线	昆仑山南路—隧道分岔口	26 078	3 3107	40 778	47 788	52 487	53 668	56 417
	隧道分岔口—胶州湾东路	21 858	27 692	34 090	39 992	43 877	44 852	47 128
项目支线	隧道分岔口—星海滩路	4 220	5 415	6 688	7 796	8 610	8 816	9 289

表 1.2　转向交通量预测表（单位：pcu/d）

相交道路	方向	2025年	2030年	2035年	2040年	2044年	2045年	2049年
昆仑山南路	西—南	682	850	1 030	1 213	1 350	1 383	1 504
	西—北	5 039	6 216	7 450	8 674	9 570	9 788	10 548
	东—南	2 011	2 523	3 076	3 608	3 958	4 042	4 331
	东—北	3 729	4 606	5 527	6 443	7 116	7 280	7 854
	合计	11 461	14 195	17 083	19 938	21 994	22 493	24 237
星海滩路	西—南	1 967	2 428	2 909	3 383	3 743	3 831	4 083
	西—北	2 963	3 692	4 444	5 097	5 512	5 609	5 878
	东—南	601	757	922	1 070	1 168	1 191	1 260
	东—北	2 009	2 497	2 997	3 428	3 699	3 762	3 934
	合计	7 540	9 374	11 272	12 978	14 122	14 393	15 155
胶州湾东路	隧道—西	16 921	20 892	25 328	29 542	32 515	33 268	34 897
	隧道—南	4 937	6 800	8 762	10 450	11 362	11 584	12 231
	北—西	4 098	5 167	6 300	7 390	8 139	8 297	8 718
	北—东	2 714	3 259	3 802	4 287	4 572	4 640	4 851
	南—西	2 816	3 496	4 213	4 929	5 438	5 547	5 823
	南—东	2 207	2 766	3 349	3 864	4 199	4 264	4 440
	合计	33 693	42 380	51 754	60 462	66 225	67 600	70 960

二、技术标准

根据《公路工程技术标准》（JTG B01—2014）有关规定，结合交通量预测结果，经道路通行能力计算确定车道数，根据服务水平分析论证确定项目技术标准。

该项目的主线技术标准采用双向6车道一级公路标准，定位为次要干线，设计速度80 km/h，标准段路基宽度28.5 m；衔接昆仑山路（现状G228）与嘉陵江路的匝道采用一级公路标准，设计速度60 km/h，标准路基宽度为12.5 m，单向2车道；桥涵设计汽车荷载采用公路—I级，设计洪水频率大中小桥、涵洞、路基为1/100。

三、路线起终点、走向、主要控制点及建设规模

1. 路线起终点、走向

该项目位于山东省青岛西海岸新区，G228丹东线改线起点为昆仑山路—嘉陵江路交叉口（含昆仑山路主线衔接段）、终点至海西路—滨海大道交叉口，全长约28.6 km，线位沿"昆仑山路—嘉陵江路西延段—胶州湾西路—海西路—滨海大道"走向绕开城市核心区，两端分别接入现状G228。其中，本次新建的嘉陵江路西延段（穿越小珠山隧道）是实施G228改线的控制性工程，是制约建设工期的关键环节，也是施工难度最大的一段，计划先期组织实施；现状利用的胶州湾西路—海西路段，继续按照公路城市路段管理和通行。

新建的G228丹东线（嘉陵江路西延段）改线工程，起点为昆仑山路—嘉陵江路交叉口（含昆仑山路主线衔接段），主线采用浅埋地道（局部敞口）方案，沿现状嘉陵江路向西敷设，在香江路以西主线接出地面并跨越规划珠宋路后，在规划的珠宋路西侧设1处公路收费站，继续向西采用上下行分离式双洞隧道穿越小珠山，主线在小珠山西侧、珠光路以东出洞，沿柏果树河向西南敷设，采用浅埋地道下穿星海滩路后，在星海滩路以西接入胶州湾西路，终点位于胶州湾西路—兰东路路口，路线全长约12.13 km。

2. 主要控制点

该工程沿线主要控制点有：昆仑山路、嘉陵江路、锦屏山路、金钟山路、香江路、崮山路、胶州湾西路、星海滩路等现状道路，外环路、规划路、珠宋路、创智路、柏果河西路等规划道路，李家河村、山子西村、康大观山樾、古月山庄、山水嘉苑、山水文苑等居住小区及已按控规出让的沿线居住地块，以及隧道西侧的大型公墓、部队设施、恒光热电、220 kV大楼站、未来星城、宇宙生命小镇、清华美院、黄海学院等建（构）筑物。

3. 推荐方案建设规模

本次新建工程全长约12.13 km（含昆仑山路北—西匝道及昆仑山路主线衔接段），其中，隧道段长约6.03 km（主线特长隧道长约4.32 km，中隧道长约0.91 km，

短隧道长约0.42 km、0.38 km）；桥梁长约1.39 km（大桥1 390 m/4座）；地面道路（含开口段）长约4.71 km；互通立交3座（昆仑山路立交、珠光路立交、星海滩路立交），分离式交叉8处（锦屏山路、金钟山路、香江路及规划外环路2处、规划珠宋路、规划崮山路、规划柏果河西路）；平面交叉4处；收费站1处，养护工区1处。

表1.3 推荐方案工程建设规模

	项目		单位	工程数量	备注
1	路线长度		km	12.13	
2	路基土石方	挖方	1 000 m³	1 259.255	
		填方	1 000 m³	242.664	
3	新建路面		1 000 m²	608.619	
4	道路排水		km	4.71	
5	路基防护		1 000 m²	76.879	
6	桥梁		m/座		
其中	特大桥		m/座		
	大桥		m/座	1 390/4	
	中桥		m/座		
	小桥		m/座		
7	涵洞		道	5	
8	通道		处	4	
9	天桥		座	4	
10	隧道		m/座	8 170/6	
11	互通立交	主线	处	1	昆仑山路
		支线	处	2	珠光路、星海滩路
12	收费站		处	1	含2座加油站
13	养护工区		处	1	
14	市政管线		km	15.6	
15	河道改线		处		
16	拆迁建筑物		m²	54 476	

续表

	项目	单位	工程数量	备注
17	新增占地	亩	509.56	
18	估算总金额	万元	696 301.284 8	
19	平均每千米造价	万元	57 403.238 6	

四、工期安排

表1.4　工程进度表

时间段	实施内容
2个月	完成方案、可行性研究报告编制、评审、立项批复；同步进行土地预审报审、规划选址等
2个月	完成初步设计、施工图设计招标工作
3个月	安评、环评、社会稳定性评价等编制及批复；完成工程初步设计编制、批复；同步开展施工、监理招标前期工作
2个月	完成工程施工图设计；同步完成施工、监理招标以及规划方案报审等工作；
3个月	完成施工图审查及回复；开展工程前期施工准备
36个月	工程建设周期

五、工程环境、节能及社会影响评价

1. 工程环境影响

（1）对生态环境的影响。工程建设期因地表开挖、材料和填土堆放等，会对施工影响区域内的土壤、植被等产生不良影响，在措施不当的情况下会导致水土流失，施工产生的粉尘会使植被叶面光合作用和呼吸作用能力降低，影响植物的生长。因此，应采取必要的水土保持措施，降低施工影响范围，移植受影响苗木，守土固肥。另外，运营期公路自身水土流失等，对土壤和植被也有不良影响。

（2）对大气环境的影响。该工程建设过程中，因挖掘、填筑、搅拌、装卸等产生的灰（粉）尘，沥青加热产生的油气，施工机械产生的尾气，都会对大气环境产生不良影响。现状道路改建后，通行条件改善，会减少因道路拥堵、油料燃烧不充分而产生的CO_2和NO_x及燃料添加剂（如铅）对大气产生的不良影响。

（3）对水环境的影响。施工过程中的施工废水、生活污水、工机械和车辆冲洗水、下雨时的冲刷浮土等，对地表和地下水会产生不良影响；运营期交通事故等突发性事件导致的泄露、冲洗水等对地表和地下水也会产生不良影响。

（4）对声环境的影响。建设期施工机械种类繁多，由于挖掘、搅拌、打桩、钢筋切割及施工机械运作等引起的噪声，对周边声环境会产生不良影响；运营期车辆通行过程中的机械运转、轮胎与地面摩擦、鸣笛等会对周围声环境产生不良影响。

（5）固体废弃物影响。该项目建设期因地表开挖、路基填筑、模板拆除等会产生较多的施工弃土、建筑垃圾等固体废弃物，以及施工期间工人生活等产生的生活垃圾，若处治不当会对环境产生不良影响。

2. 节能评价

该项目建设期通过扩大厂拌材料应用、提高预制件使用、加强施工组织和管理、选用合理的施工方案等措施降低能耗；运营期由于道路通行条件改善、缓解了交通拥堵，能够降低燃油消耗。

3. 社会评价

通过对该项目社会影响的分析、项目与社会的互适性分析、项目的社会风险及对策分析可知，项目所在区域的社会环境较好，有较好的交通设施条件促进资源的高效利用。

该项目的建设，可以优化交通运输条件，提升区域城市品质，促进区域经济和社会发展，提高人民的生活质量。通过采取征迁补偿等有效的措施，可以规避社会风险，保证该项目的可持续发展。

第二章

《《《 交通量分析及预测

第一节　公路交通调查与分析

　　交通量调查是公路项目可行性研究的重要环节，其目的是研究项目所在地区公路交通量的特性和构成，掌握公路交通流量、流向及车辆构成等数据资料，为拟建公路交通量预测提供基础数据，同时也为经济评价、确定技术标准和公路设计建设规模提供可靠依据。

　　为了全面掌握拟建项目影响区域内机动车的流量、流向、交通构成等出行特性，为预测拟建项目的交通量提供依据，本书在调取影响区域内相关道路历史观测数据的基础上，对拟建项目影响区域内主要道路开展补充调查。

一、调查综述

　　该项目于2021年9月16日（星期四）6～18点，共计12小时，在项目影响区内相关公路上进行了OD调查和12小时交通量观测，同时，调用了相关道路的卡口24小时交通量观测数据。为后续分析该项目建成对S7602高速交通量的影响，调用了山东省高速公路网2021年8月各收费站之间的收费数据、省界的门架数据。

　　（一）调查内容

　　（1）交通量调查点的位置。为了充分把握该项目影响区内车辆出行及构成情况，本次调查共设置了27个交通量调查/观测点，主要设置在项目影响区内主要相关公路上。

　　该项目交通量调查点的位置见表2.1。

　　（2）车型划分。依据《公路工程技术标准（JTGB 01—2014）》，结合该项目的特点，本书将小客车、中型车、大型车、拖挂车细分为小货车、中货车、大货车、特大货车、集装箱车、小客车、大客车7类；畜力车、人力车、自行车等非机动车按路侧干扰因素计。其具体划分标准及车辆折算系数见表2.2。

表 2.1　该项目交通量调查点情况

序号	路线名称	调查点/观测点	所处位置	调查内容
1	胶州湾路	胶州湾西路与两河路交叉口	黄岛区	卡口数据
2		胶州湾西路与珠山路交叉口	黄岛区	卡口数据
3		胶州湾东路与星海滩路交叉口	黄岛区	卡口数据/ OD调查
4		胶州湾东路与东华山路交叉口	黄岛区	卡口数据
5		胶州湾路与毛家山路交叉口	黄岛区	卡口数据/ OD调查
6		胶州湾东路与昆仑山路交叉口	黄岛区	卡口数据/ OD调查
7	灵海路	灵海路与海港路交叉口	黄岛区	卡口数据/ OD调查
8	东岳路	东岳中路与两河路交叉口	黄岛区	卡口数据
9		东岳中路与嘉富路交叉口	黄岛区	卡口数据
10		东岳东路与玉皇山路交叉口	黄岛区	卡口数据/ OD调查
11	滨海大道	滨海大道与学院路交叉口	黄岛区	卡口数据/ OD调查
12		滨海大道与两河路交叉口	黄岛区	卡口数据
13	珠山路	珠山北路与双凤山路交叉口	黄岛区	卡口数据
14	泰发路	泰发路与两河支路交叉口	黄岛区	卡口数据
15	江山南路	江山南路与富春江路交叉口	黄岛区	卡口数据
16		江山南路与漓江西路交叉口	黄岛区	卡口数据
17		江山南路与五台山路交叉口	黄岛区	卡口数据
18	昆仑山路	昆仑山路与富春江西路交叉口	黄岛区	卡口数据/ OD调查
19		荒里村	黄岛区	OD调查
20	临港路	临港路与嘉宁路交叉口	黄岛区	卡口数据
21		信义青岛工业园	黄岛区	OD调查
22	黄河东路	黄河东路与铁路桥东侧100米	黄岛区	卡口数据
23	漓江西路	漓江西路与庐山路	黄岛区	OD调查
24	长江西路	吉祥商厦	黄岛区	OD调查
25	太行山路	太行山路与钱塘江路交叉口	黄岛区	OD调查
26	香江路	香江路与江山南路交叉口东	黄岛区	OD调查
27	嘉陵江西路	嘉陵江西路与太行山路交叉口东	黄岛区	OD调查

表2.2 车型分类及折算系数表

序号	车型	车辆分类	折算系数
1	小货	载重量小于2.0吨（含2.0吨）的货车	1.0
2	中货	载重量2.0~7.0吨（含7吨）的货车	1.5
3	大货	载重量大于7.0吨、小于20吨（含20吨）的货车	2.5
4	特大货	载重量大于20吨的货车（含各类挂车）	4.0
5	集装箱	各类集装箱	4.0
6	小客	小于19座（含19座）的客车	1.0
7	大客	大于19座的客车	1.5

（3）交通小区。根据交通量预测的需要，OD小区的划分以现有行政区划为主，项目直接影响区内划分至县、市、区，部分小区划分至乡镇、街道，项目间接影响区适当划粗，共设置51个OD小区。再根据受拟建项目影响程度的不同，采取临近拟建项目区域应细分、远离拟建项目区域宜粗分的原则，以提高交通量预测的可靠性为目标的基础上，具体详细划分如表2.3所示。

表2.3 交通小区划分表

行政区划			小区编号	小区名称	小区范围
青岛市	黄岛区	胶南街道	1	胶南街道北部	胶南街道疏港高速以北地区
			2	胶南街道南部	胶南街道疏港高速以南地区
		珠海街道	3	珠海街办东部	海西路以东，灵山湾路以北
			4	珠海街办西部	海西路以西
		隐珠街道	5	隐珠街道东部	隐珠街道大珠山中路以东地区
			6	隐珠街道西部	隐珠街道大珠山中路以西地区
		灵山卫街道	7	灵山卫街道北部	胶州湾路以北，星海滩路以东
			8	灵山卫街道胶州湾路北	胶州湾路以北，星海滩路以西
			9	灵山卫街道郑戈庄路西北	郑戈庄路西北，胶州湾路以南

行政区划			小区编号	小区名称	小区范围
青岛市	黄岛区	灵山卫街道	10	灵山卫街道东岳路北	东岳路以北，星海滩路以西
			11	灵山卫街道东岳路南	东岳路以南，星海滩路以西
			12	灵山卫街道灵海路南	郑戈庄路以南，玉黄山路以西，星海滩路以东
			13	灵山卫街道阅武路西	胶州湾路以南，阅武路西以西，玉黄山路以东
			14	灵山卫街道昆仑山路西	胶州湾路以南，昆仑山路以西
			15	灵山卫东长江路西	胶州湾路以北，昆仑山西以西，富春江江路以南
		长江路街道	16	长江路街道昆仑山路西	昆仑山路以西，富春江路以北
			17	长江路街道钱塘江路北	钱塘江路以北，太行山路以西
			18	长江路街道钱塘江路南	钱塘江路以南，太行山路以西
			19	长江路街道同江路南	同江路以南，太行山路以东，嘉陵江路以北
			20	长江路街道嘉陵江路南	嘉陵江路以南，太行山路以东
		薛家岛街道	21	薛家岛街道北部	长江路以北
			22	薛家岛街道南部	长江路以南
		辛安街道	23	辛安街道南部	辛安街道南部
			24	辛安街道北部	辛安街道北部
		黄岛街道	25	黄岛街道	黄岛街道
		红石崖街道	26	红石崖街道	红石崖街道
		灵珠山街道	27	灵珠山街道	灵珠山街道
		王台镇	28	王台镇	王台镇

行政区划		小区编号	小区名称	小区范围
青岛市	黄岛区 宝山镇	29	宝山镇	宝山镇
	铁山街道	30	铁山街道	铁山街道
	六汪镇	31	六汪镇	六汪镇
	大村镇	32	大村镇	大村镇
	张家楼镇	33	张家楼镇	张家楼镇
	滨海街道	34	滨海街道	滨海街道
	琅琊镇	35	琅琊镇	琅琊镇
	藏南镇	36	藏南镇	藏南镇
	大村镇	37	大村镇	大村镇
	泊里镇	38	泊里镇	泊里镇
	大场镇	39	大场镇	大场镇
	海青镇	40	海青镇	海青镇
	青岛主城区 青岛主城区	41	青岛主城区	市南区、市北区、崂山区、李沧区
	城阳、即墨区西部 城阳区、即墨区西部	42	即墨区西部	城阳、即墨区西部
	即墨区东部 即墨区东部	43	即墨区东部	即墨区东部
	胶州市 胶州市	44	胶州市	胶州市
	莱西市 莱西市	45	莱西市	莱西市
	平度市 平度市	46	平度市	平度市
山东省其他地区	烟台市 烟台市	47	烟台市	烟台市
	威海市 威海市	48	威海市	威海市
	潍坊市北部及以远 潍坊市北部及以远	49	潍坊市北部及以远	潍坊市北部、东营市、滨州市及以远
	潍坊市南部及以远 潍坊市南部及以远	50	潍坊市南部及以远	潍坊市南部、淄博市、济南市、泰安市、德州市、聊城市及以远
	日照市及以远 日照市及以远	51	日照市及以远	日照市、临沂市、枣庄市、济宁市、菏泽市及以远

（二）调查方法

（1）断面交通量调查方法。采用目测记录法，计数器计数，计数时间间隔为15分钟。

（2）OD调查方法。采用路边（或利用公路收费站、检查站）拦车访问记录法，同时为避免引起塞车进行抽样调查，按交通量大小和现场拥堵情况及时调整抽样率。

（3）卡口数据识别方法。对脱敏后的卡口数据进行模糊识别，获取车辆的流量、流向。

二、调查资料的分析

1）现状调查交通量

现状调查交通量见表2.4。

表2.4 现状调查交通量

单位：pcu/d

路线名称	路段	2021年交通量	路线名称	路段	2021年交通量
滨海大道	江山南路—昆仑山南路	52 783	江山南路	齐长城路—富春江路	52 749
	昆仑山南路—星海滩路	70 094		富春江路—漓江西路	49 056
	星海滩路—世纪大道	36 643	嘉陵江路	嘉陵江东路	38 854
东岳路	东岳东路	35 334		嘉陵江西路	46 125
	东岳中路	33 152	星海滩路	S7602—胶州湾东路	13 615
胶州湾路	胶州湾东路	37 107		胶州湾东路—滨海大道	17 392
	胶州湾西路	20 162	黄河东路	黄河东路	28 860
昆仑山南路	黄河中路—富春江路	62 137	临港路	临港路	5 487
	富春江路—滨海大道	40 268	两河路	胶州湾西路—滨海大道	19 199
富春江路	昆仑山南路—江山南路	11 523	珠山路	凤凰山路—临港路	4 026
	江山南路—井冈山路	19 354	灵海路	灵海路	11 891

2）高峰时段分析

通过分析各调查点数据，得出影响区域内各调查点的高峰小时主要出现在上午7：00~8：00和下午17：00~18：00之间，高峰小时流量比率变化区间为7%~11%。

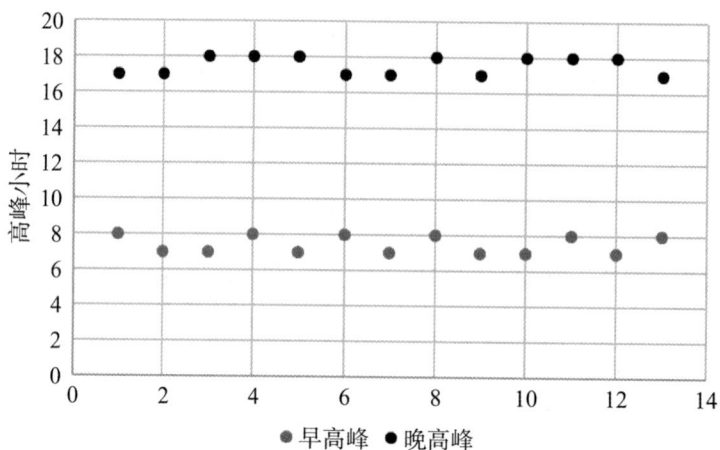

图2.1　调查点交通量高峰小时分布示意图

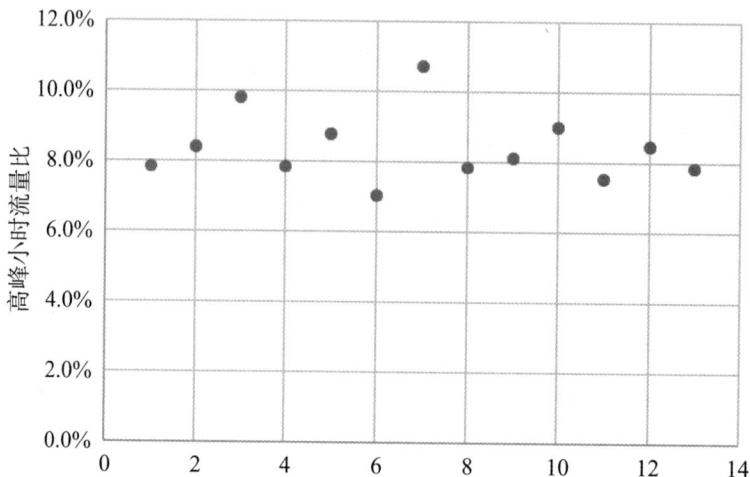

图2.2　调查点交通量高峰小时流量比分布示意图

3）汽车OD调查数据的处理

（1）基础OD数据处理。利用各种车型的昼夜不均匀系数、月不均匀系数、周日不均匀系数，将全部调查点各车型的12小时OD调查交通量修正为小客车的年平均日交通量，修正公式如下：

$$T_{ij}=V_{ij}\cdot\alpha\cdot\beta\cdot\gamma\cdot\delta/\varepsilon$$

式中，

T_{ij}—i区到j区的年平均日交通量；

V_{ij}—12小时i区到j区的分车型交通量；

α—昼夜不均匀系数；

β—月不均匀系数；

γ—周日不均匀系数；

δ—车型折算系数，见表2.2；

ε—抽样率。

昼夜不均匀系数、月不均匀系数和周日不均匀系数，根据滨海大道、胶州湾路、东岳路观测数据加权平均得出。

（2）OD矩阵表合成。本书利用了2021年8月份山东省高速公路结算中心的各收费站之间的交通量数据，根据各收费站的位置与该项目所划分OD小区的位置关系确定各OD小区对应的流量和流向。在此基础上，根据"串并联"原则剔除重复调查数据及对该项目无影响的OD数据后，得到2021年影响区域总OD矩阵。

（3）OD矩阵校正。OD矩阵的校正是指将修正、补充后的OD矩阵在现状公路网上进行分配，得到各相关公路的分配交通量，通过对比分配交通量与实际观测交通量之间的差异来修正OD矩阵表。如果所有相关公路的分配交通量与实际观测交通量之间的差异均在10%以内，则认为该OD矩阵能够反映项目影响区的实际出行情况，否则需要校正OD矩阵。校正公式如下：

$$Q_{ij} = T_{ij} \cdot \lambda$$

式中，

Q_{ij}—修正后 i 区到 j 区的交通量；

T_{ij}—修正前 i 区到 j 区的交通量；

λ—校正系数。

2021年分配交通量与调查交通量误差均在允许范围内，因此认为该OD矩阵能够反映项目影响区的实际出行情况，可作为交通量预测的依据。

由于划分交通小区数量较多，OD矩阵难以体现整体交通趋势。因此，根据各小区对应的地理位置关系及行政区划，将原51个交通小区合并成22个交通小区，其合并前后OD小区对照表如表2.5所示。

本书不再提供各特征年的原始OD矩阵表（55个OD小区），仅提供合并后汽车OD矩阵表（22个OD大区域），但交通分布和交通分配运算均依据原始OD矩阵表进行。

该项目影响区2021年客车、货车、汽车OD矩阵见表2.5。

表2.5 合并前后OD小区对照表

序号	合并后小区名称	合并前OD小区代码
1	胶南街道	1—2
2	珠海街道	3—4
3	隐珠街道	5—6
4	灵山卫街道北部	7
5	灵山卫街道西南部	8—11
6	灵山卫街道东南部	12—15
7	长江路街道北部	16—17、19
8	长江路街道南部	18、20
9	薛家岛街道	21—22
10	辛安街道	23—24
11	黄岛街道	25
12	灵珠山街道及以远	26—28
13	铁山街道及以远	29—31
14	张家楼街道及以远	32—40
15	青岛市主城区	41
16	青岛市西北部	42、44、46
17	青岛市东北部	43、45
18	烟台市	47
19	威海市	48
20	潍坊市北部及以远	49
21	潍坊市南部及以远	50
22	日照市及以远	51

4）基年交通分布分析

为进一步分析该项目影响区内各大区域机动车的出行情况，确定主要的交通量发生源和吸引地，把原始OD矩阵按交通量预测要求进行合并，合并后的OD大区为11个，合并前后OD小区对照见表2.6。

表 2.6 22 个 OD 小区合并为 11 个 OD 大区对照表

序号	合并后 OD 小区名称	合并前 OD 小区代码	序号	合并后 OD 小区名称	合并前 OD 小区代码
1	灵山卫街道	4-6	7	青岛市西北部	16
2	长江路街道及以远	7-11	8	青岛市东北部及以远	17、18-19
3	灵珠山街道及以远	12	9	潍坊市北部及以远	20
4	胶南街道及以远	1、13	10	潍坊市南部及以远	21
5	隐珠街道及以远	2-3、14	11	日照市及以远	22
6	青岛市主城区	15	—		

根据合并后的大区域汽车 OD 出行矩阵，可以分析该项目所在通道内主要区域间交通量分布情况。2021 年通道内主要地区间出行分布交通量见表 2.7 和图 2.3。

表 2.7 2021 年项目通道内主要区域间出行分布情况

单位：pcu/d

区域		交通量	比重
灵山卫街道	长江路街道及以远	21 046	12.7%
	灵珠山街道及以远	991	0.6%
	青岛市主城区	10 740	6.5%
	青岛市西北部	749	0.5%
	青岛市东北部及以远	2 781	1.7%
长江路街道及以远	胶南街道及以远	5 970	3.6%
	隐珠街道及以远	6 858	4.1%
	青岛市西北部	2 988	1.8%
	潍坊市北部及以远	2 384	1.4%
	潍坊市南部及以远	3 498	2.1%
	日照市及以远	5 139	3.1%
灵珠山街道及以远	胶南街道及以远	1 157	0.7%
	隐珠街道及以远	1 334	0.8%
	潍坊市南部及以远	798	0.5%

续表

区域		交通量	比重
灵珠山街道及以远	日照市及以远	1 241	0.7%
胶南街道及以远	青岛市主城区	11 951	7.2%
	青岛市东北部及以远	5 329	3.2%
隐珠街道及以远	青岛市主城区	17 135	10.3%
	青岛市东北部及以远	6 542	3.9%
青岛市主城区	潍坊市北部及以远	2 209	1.3%
	潍坊市南部及以远	2 454	1.5%
	日照市及以远	6 916	4.2%
青岛市东北部及以远	潍坊市南部及以远	34 448	20.8%
	日照市及以远	11 211	6.8%
合计		165 869	100.0%

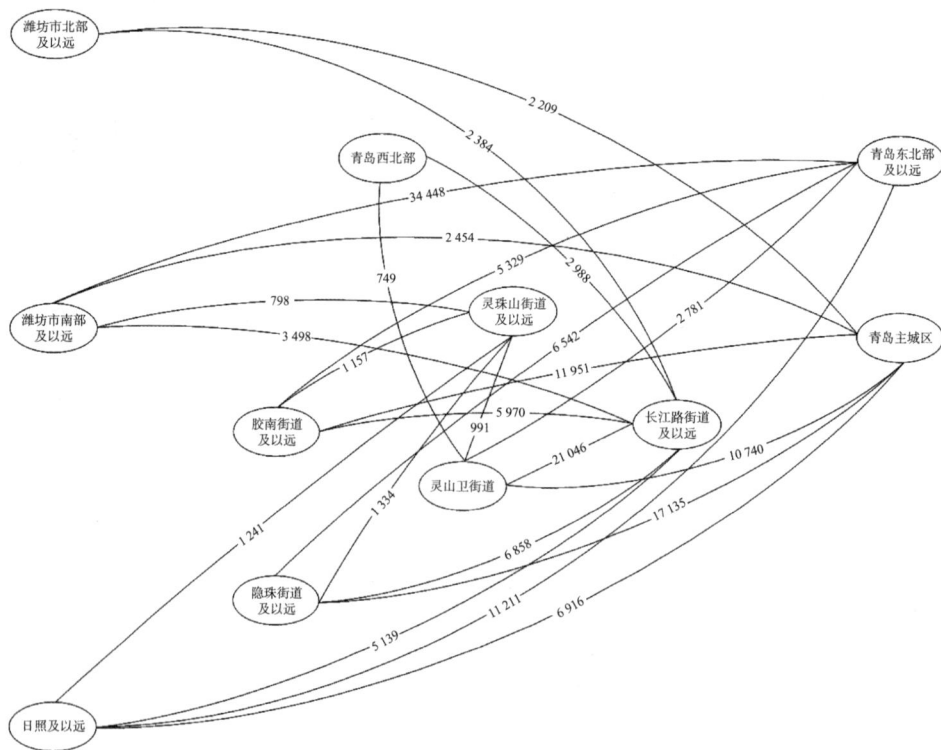

图2.3　2021年通道内主要区域间交通出行分布图（单位：pud/d）

第二节 预测思路与方法

交通量预测是支撑公路建设规模及技术标准的基础。因此，预测方法的合理性和可靠性将直接影响公路建设所带来的效益。

该项目东连嘉陵江路，西接胶州湾路、星海滩路，是黄岛区东西向的一条重要道路，吸引了大量的过境交通量，对区域内相关公路的交通量产生一定的分流，形成正常增长的路网交通量（包括趋势交通和诱增交通量）。同时，道路运输条件的改善将促进沿线城镇居民出行、地区物流及旅游资源的开发和沿线城镇的交通集散功能。因此，该项目的远景交通量由路网交通量、城市交通量组成。该项目影响区内有规划建设地铁6号线，地铁建成通车后，对该项目及相关公路交通量将产生一定的分流作用。

综合以上分析，该项目的远景交通量由趋势交通量、诱增交通量、转移交通量三部分组成。

该项目趋势型交通量采用"四阶段预测法"，其总体思路是在OD调查的基础上，通过分析经济社会发展与交通运输发展之间的关系，把握项目影响区未来交通量的增长趋势，研究项目影响区未来的交通生成、交通分布情况，考虑收费影响后确定正常增长交通量；诱增交通量采用重力模型进行预测；地铁转移交通量按不用运输方式选择模型预测得出。

第三节 交通量预测

一、预测特征年确定

根据交通运输部《交通建设项目可行性研究报告编制办法汇编》的规定，预测年限按建成通车后20年计算，考虑到该项目为经营性收费公路，收费期限最长可达25年。因此，该项目交通量预测按25年预测。

根据建设计划，该项目将于2024年年底建成投入使用。因此，该项目交通量预测基年定为 2025 年，预测特征年为 2025 年、2030 年、2035 年、2040 年、2044 年、2045 年、2049 年。

二、特征年路网

根据《山东省综合交通网中长期规划（2018—2035 年）》《山东省高速公路网中长期规划（2014—2030）》《青岛市公路网规划》《青岛市城市综合交通规划》等规划，青岛市公路主框架已基本建成，公路网技术水平不断提高，高等级公路所占比重将有较大的提升，基本实现区域公路网规划的目标；2030 年以后，拟建项目周边公路基本不变。

三、趋势型交通生成预测

交通运输需求是由经济社会活动所产生的，交通运输的增长与经济的发展互为因果关系，交通运输制约着经济，而经济也影响着交通运输。因此，通过分析经济的发展变化规律，分析它们与交通运输的关系，便可较准确地掌握交通需求的变化规律。弹性系数法是从总体上把握经济发展和交通运输的相关关系，能直接反映经济增长对公路交通的影响，用于交通量的中长期预测有较好的实用性及可靠性。因此，该项目采用弹性系数法进行交通增长预测。弹性系数的计算公式如下：

$$弹性系数 e = \frac{运输指标变化的百分率}{经济指标变化的百分率}$$

通过选用不同的运输指标与生产总值进行回归分析，可推算出其弹性系数。通过综合分析影响区历年的汽车保有量、交通量、运输量等运输指标与经济指标的关系发现，各项指标的弹性系数变化规律不是很明显，造成这种情况的一个重要原因是各部门统计口径不同，难以确切反映全社会运输发展的实际情况。因此，未来运输弹性系数必须按定性与定量相结合的方法确定。

根据项目影响区未来经济发展预测结果及各时期的弹性系数，利用下式计算得到各小区产生量与吸引量的增长率 R。

$$R_k = T_k \times E_k$$

式中，

R_k——未来年 k 小区汽车交通量增长率（%）；

T_k——未来年 k 小区汽车交通量对经济指标的弹性系数；

E_k——未来年 k 小区国内生成总值增长速度（%）。

由以上预测方法可以得到各小区产生量与吸引量的增长率，再利用以下公式预测未来年各小区交通产生与吸引总量P。

$$P_k = P_k^0 \times (1+R_k)^n$$

式中，

　　P_k——未来年 k 小区交通产生量（吸引量）；

　　P_k^0——基年 k 小区交通产生量（吸引量）；

　　R_k——k 小区产生量（吸引量）增长率；

　　n——预测年限。

根据以上计算方法，得到未来年各小区的交通产生与吸引总量，见表2.8。

表2.8　未来年各交通区机动车日均发生（吸引）量

单位：pcu/d

分区编号	2025年	2030年	2035年	2040年	2044年	2045年	2049年
1	12 216	15 292	18 258	21 196	23 237	23 790	25 661
2	9 059	11 328	13 515	15 681	17 180	17 588	18 962
3	11 700	14 639	17 471	20 276	22 220	22 749	24 535
4	14 931	18 714	22 370	26 003	28 531	29 217	31 544
5	14 281	17 902	21 402	24 877	27 296	27 952	30 176
6	13 257	16 614	19 855	23 077	25 320	25 926	27 988
7	15 399	19 301	23 070	26 816	29 422	30 127	32 522
8	16 294	20 424	24 414	28 381	31 140	31 886	34 425
9	11 727	14 674	17 512	20 322	22 270	22 802	24 592
10	15 077	18 881	22 551	26 188	28 715	29 397	31 718
11	14 930	18 703	22 346	25 956	28 471	29 149	31 456
12	11 966	14 974	17 874	20 746	22 740	23 280	25 110
13	11 647	14 574	17 396	20 188	22 123	22 650	24 427
14	8 588	10 738	12 807	14 854	16 271	16 659	17 958
15	95 380	115 728	134 796	152 997	165 144	168 343	179 059
16	17 546	21 340	24 836	28 074	30 273	30 864	32 738
17	18 173	22 100	25 630	28 884	31 073	31 662	33 513
18	83 554	96 862	109 414	121 015	129 204	131 352	138 599

分区编号	2025年	2030年	2035年	2040年	2044年	2045年	2049年
19	76 873	91 409	105 696	119 062	128 210	130 619	138 903
20	26 564	31 901	36 928	41 537	44 602	45 415	48 074
21	27 759	33 670	39 065	44 202	47 726	48 664	51 793
22	21 367	26 228	31 006	35 418	38 598	39 452	42 415

四、趋势型交通分布预测

趋势交通量分布预测是根据预测得出的未来年各小区发生与吸引交通量，进一步确定未来年各交通小区之间机动车出行的 OD 矩阵。根据机动车出行特征，本报告采用 Fratar 模型计算未来年各交通小区机动车出行 OD 矩阵。Fratar 模型的形式为：

$$Q_{ij} = Q_{0ij} \cdot G_j \cdot F_i \cdot \frac{L_i + L_j}{2}$$

$$G_j = \frac{Q_{aj}}{Q_{0aj}}$$

$$F_i = \frac{Q_{pi}}{Q_{0pi}}$$

$$L_i = \frac{Q_{0pi}}{\sum_{j=1}^{n} (Q_{0ij} \cdot G_j)}$$

$$L_j = \frac{Q_{0aj}}{\sum_{i=1}^{n} (Q_{0ij} \cdot F_i)}$$

式中，

Q_{ij}——未来某预测特征年 i 区到 j 区的交通分布量；

Q_{0ij}——基年 i 区到 j 区的现状 OD 量；

G_j——j 区交通吸引量增长倍数；

F_i——i 区交通发生量增长倍数；

n——研究区域交通小区的总数；

Q_{aj}——特征年 j 区交通吸引量；

Q_{0aj}——基年 j 区交通吸引量；

Q_{pi}——特征年 i 区交通发生量；

Q_{0pi}——基年 i 区交通发生量；

L_i——i 区对于所有 j 区的位置系数；

L_j——j 区对于所有 i 区的位置系数。

根据基年 OD 矩阵及各小区交通发生和吸引量的预测结果，可得出各特征年各交通小区之间的趋势型 OD 矩阵。

五、诱增性交通分布预测

诱增交通量是指由于项目的建设，改善了路网结构，增加了运输供给能力、提高了服务水平，使道路两侧的土地使用性质发生变化而引发的新交通量。诱增交通量的产生主要考虑以下两个因素：① 道路两侧土地性质发生变化，引发了新的经济结构和开发项目。② 改善交通条件，诱发受交通条件制约未出行的潜在交通量。

该项目诱增交通量预测按照"有无比较法"的原则，以出行广义费用为阻抗，根据"有""无"项目情况下的各小区出行费用的变化情况，采用重力模型，分为现状区间交通出行量为零和不为零两种情况分别进行计算。

（1）现状区间交通出行量不为零。现状区间交通出行量不为零时，诱增交通量计算公式如下：

$$T'_{ij} = \left[\left(\frac{D_{ij}}{D'_{ij}} \right)^{\gamma} - 1 \right] \cdot T_{ij}$$

式中，

T'_{ij}——i 区到 j 区的诱增交通量；

D_{ij}——无此项目时，i 区到 j 区的广义费用；

D'_{ij}——有此项目时，i 区到 j 区的广义费用；

T_{ij}——i 区到 j 区的趋势交通量；

γ——重力模型参数。

（2）现状交通区间出行量为零。现状区间交通出行量为零时，诱增交通量计算公式如下：

$$T'_{ij} = K \cdot P_i^{\alpha} \cdot A_j^{\beta} \cdot \left[\left(\frac{1}{D'_{ij}} \right)^{\gamma} - \left(\frac{1}{D_{ij}} \right)^{\gamma} \right]$$

式中，

P_i——i 区发生交通量；

A_j——j 区发生交通量；

K，α，β，γ——重力模型参数。

根据各小区趋势型 OD 矩阵和出行费用矩阵，计算出各小区诱增 OD 矩阵。

六、其他运输方式转移交通量预测

根据《青岛市十四五综合交通运输发展规划》《青岛市城市轨道交通线网规划》等相关规划，项目影响区内有已建成的地铁 13 号线和正在建设的地铁 6 号线等。上述轨道交通建成后，对该项目及通道内相关公路承担的短途客运量具有分流作用。

上述轨道交通建成通车联网后，由公路运输转移至轨道交通的客运量的运载工具主要是公交车和小型客车。综合考虑项目运输通道内经济发展水平和客运量发展趋势，经广义费用函数分析，客运交通量的转移率采用以下公式计算：

$$P_{ijk}=\frac{e^{(-M_k)}}{\sum_{k=1}^{n}e^{(-M_k)}}$$

$$M_k=T_k+C_k$$

式中，

P_{ijk}——第 k 种运输方式的分流率；

M_k——第 k 种运输方式的广义费用；

T_k——第 k 种运输方式的时间代价；

C_k——第 k 种运输方式的运行费用；

n——区域拥有运输方式的类型数。

其中，公路广义费用函数延误函数计算如下：

本书中的路阻函数选用基于BPR（Bureau of Public Roads）路段延误函数的广义费用延误函数，建立了路段通行时间、路段通行费用与交通拥挤程度之间的关系。

广义费用函数的数学关系式为：

$$c_i(x)=k_i \cdot l_i+\delta \cdot l_i+\varphi \cdot t_i \cdot \left[1+\alpha\left(\frac{v}{c}\right)^{\beta}\right]$$

式中，

$c_i(x)$——路段 i 的广义费用；

k_i——汽车运营成本（元/千米），小客车取1元/千米；

δ——路段 i 每千米的收费额，高速公路按照现行山东省高速公路通行车辆收费标准取值，普通公路不收费；

l_i——路段 i 的长度；

φ——时间价值，取平均月收入 3 000 元到 5 000 元的上班族为代表，以旅行或工作为目的的出行时间价值计算，时间价值为22元/小时（月收入取 4 000 元）；

t_i——路段 i 上自由流行驶时间；

x_i—路段 i 上的交通量；

c_i—路段 i 上的通行能力；

α，β—标定参数，该项目中 $\alpha=0.637$，$\beta=2.22$。该项目采用交通运输部公规院修正的交通量－速度曲线确定路段的行驶时间，模型如下：

$$V_a=80.14\times\exp\left[-0.173\left(\frac{q_a}{C_a}\right)^2\right] \qquad \frac{q_a}{C_a}<0.8 \qquad （高速公路）$$

$$V_a=78.843\times\exp\left[-0.561\left(\frac{q_a}{C_a}\right)^8\right] \qquad \frac{q_a}{C_a}>0.8 \qquad （高速公路）$$

$$V_a=68.119\times\exp\left[-0.197\left(\frac{q_a}{C_a}\right)^2\right] \qquad \frac{q_a}{C_a}<0.75 \qquad （一级公路）$$

$$V_a=64.274\times\exp\left[-0.526\left(\frac{q_a}{C_a}\right)^8\right] \qquad \frac{q_a}{C_a}>0.75 \qquad （一级公路）$$

$$V_a=156.7\times\frac{1}{q_a^{0.1681}} \qquad （二级公路）$$

$$V_a=99.1\times\frac{1}{q_a^{0.1323}} \qquad （三级公路）$$

$$V_a=70.5\times\frac{1}{q_a^{0.0988}} \qquad （四级公路）$$

高速铁路广义费用函数延误函数计算如下：

$$c_i(x)=\alpha_iD+\omega_i\cdot T_i+U_i$$

式中，

$c_i(x)$—代表某个 OD 对的某条路径的广义费用；

α_iD—票价，其中 α_i 为单公里票价取值为 0.2 元至 0.4 元，D 为路径的长度；

ω_i—出行时间价值；

T_i—使用轨道交通的总的出行时间；

U_i—因换乘而造成的额外费用。

根据计算，该项目转移至轨道交通的客运交通量，2025 年为 4 285 pcu/d，2044 年为 8 729 pcu/d，2049 年为 9 600 pcu/d。

该项目及相关公路转移至轨道交通的交通量见表2.9。

表2.9　该项目及相关公路转移至轨道交通的交通量

单位：pcu/d

路段	2025年	2030年	2035年	2040年	2044年	2045年	2049年
该项目	4 285	5 521	6 749	7 939	8 729	8 938	9 600

七、交通量分配

路网交通量分配预测采用专业地理信息系统软件TransCAD作为预测平台。通过反复测试TransCAD提供的多种交通分配模型，确定采用随机用户平衡分配模型（Stochastic User Equilibrium）预测拟建项目道路交通流量。

由于工程周边高速为收费项目，故交通阻抗为时间和费用的综合值。为得到统一标准，路阻函数选用基于BPR（Bureau of Public Roads）路段延误函数的广义费用延误函数，建立路段通行时间、路段通行费用与交通拥挤程度之间的关系。

广义费用延误函数的数学关系式为：

$$c_i(x)=k_i+\delta \cdot l_i+\varphi \cdot t_i \cdot \left[1+\alpha\left(\frac{v}{c}\right)^{\beta}\right]$$

式中，

$c_i(x)$——路段 i 的广义费用；

k_i——路段 i 的固定费用；

δ——路段 i 每千米的收费额；

l_i——路段 i 的长度；

φ——时间价值；

t_i——路段 i 上自由流行驶时间；

x_i——路段 i 上的交通量；

φ——路段 i 上的通行能力；

α，β——标定参数。

八、城市出行产生交通量预测

该项目除了承担过境交通外，还承担着城市内部出行产生的交通量，发挥着城市道路的作用。通过分析，本书拟采用居民出行预测方法进行居住区内部出行交通量的预测，包括出行产生和出行吸引交通量两部分。

（1）居民出行产生交通量预测。依据西海岸城市总体规划，2035年西海岸新区常住人口将达到395万，其中城市人口控制在350万。

城市居民出行产生预测模型如下。

生活目的出行：

$$Y=1/（16.69-1.54X）$$

式中，

X—社会发展水平指数，回归范围为4.0~9.5；

Y—生活目的出行次数［次/（人·天）］。

公务目的出行：

$$Y=0.085-0.311/X$$

式中，

X—社会发展水平指数，回归范围为4.0~9.5；

Y—公务目的出行次数［次/（人·天）］。

文化娱乐目的出行：

$$Y=2.95\times10^{-3}e^{0.39X}$$

式中，

X—社会发展水平指数，回归范围为4.0~9.5；

Y—文化娱乐目的出行次数［次/（人·天）］。

考虑项目所在区域经济发展速度较快，社会发展水平指数取值：X=7.0，据此计算各种目的出行次数，见表2.10。

表2.10　各种目的出行次数

出行目的	公式	X值	Y值［次/（人·天）］
生活	$Y=1/（16.69-1.54X）$	7	0.169
公务	$Y=0.085-0.311/X$	7	0.041
娱乐	$Y=2.95\times10^{-3}e^{0.39X}$	7	0.045

（2）居民出行吸引交通量预测。根据相关资料，居民出行吸引预测方法主要有两种方法，一是直接用土地面积等代替吸引情况；二是首先预测各交通区的就业岗位，再利用单位就业岗位的吸引率进行吸引预测。

影响居民出行吸引的因素包括用地情况、交通区所处区位以及建筑情况、传统地位等特性，而且关系复杂，定性因素多，对居民出行吸引量难以分析。依据一般OD调查及分析理论，从长远考虑，OD产生量与吸引量应该是均等的，按此理论分析，该项目的居民出行吸引量按与发生量等同考虑。

（3）居民出行产生、吸引交通量。根据西海岸新区规划路网以及交通分配理论，本书按照规划区内主干路网重要程度来考虑该项目承担居住区内居民出行、吸引产生的交通总量的比例。该项目相关路段承担城区内产生的交通量见表2.11。

表2.11　该项目承担居民出行产生的交通量预测

单位：pcu/d

路段	2025	2030	2035	2040	2044	2045	2049
该项目	1 962	2 530	3 125	3 692	4 046	4 139	4 414

注：2044年年交通量采用内插法计算。

第四节　预测结果及分析

一、路段交通量及分析

不考虑该项目收费的情况下，该项目远景交通量预测结果见表2.12，各交叉口转向交通量预测结果见表2.13。转弯交通量分布图见图2.4所示。

表2.12　该项目远景交通量预测结果

单位：pcu/d

路线	路段	2025	2030	2035	2040	2044	2045	2049
项目主线	昆仑山南路—隧道分岔口	34 058	41 748	49 716	56 953	62 027	63 289	66 528
	隧道分岔口—胶州湾东路	28 978	35 503	42 258	48 385	52 672	53 738	56 465
项目支线	隧道分岔口—星海滩路	5 080	6 245	7 458	8 568	9 355	9 551	10 063

表2.13 各交叉口转向交通量预测表

单位：pcu/d

相交道路	方向	2025年	2030年	2035年	2040年	2044年	2045年	2049年
昆仑山南路	西—南	1 096	1 367	1 657	1 951	2 172	2 226	2 421
	西—北	6 183	7 627	9 141	10 642	11 741	12 008	12 941
	东—南	2 016	2 529	3 083	3 616	3 967	4 051	4 341
	东—北	3 729	4 606	5 527	6 443	7 116	7 280	7 854
	合计	13 024	16 129	19 408	22 652	24 996	25 565	27 557
星海滩路	西—南	2 209	2 726	3 266	3 798	4 203	4 302	4 585
	西—北	3 134	3 905	4 701	5 391	5 830	5 933	6 218
	东—南	568	716	872	1 012	1 105	1 127	1 192
	东—北	2 419	3 006	3 608	4 126	4 452	4 528	4 735
	合计	8 330	10 353	12 447	14 327	15 590	15 890	16 730
胶州湾东路	隧道—西	20 382	25 165	30 509	35 586	39 167	40 074	42 037
	隧道—南	8 596	10 338	11 749	12 799	13 505	13 664	14 428
	北—西	3 904	4 922	6 001	7 040	7 754	7 904	8 305
	北—东	2 642	3 173	3 702	4 174	4 451	4 517	4 723
	南—西	2 693	3 344	4 030	4 715	5 202	5 306	5 570
	南—东	2 016	2 527	3 060	3 530	3 836	3 895	4 056
	合计	40 233	49 469	59 051	67 844	73 915	75 360	79 119

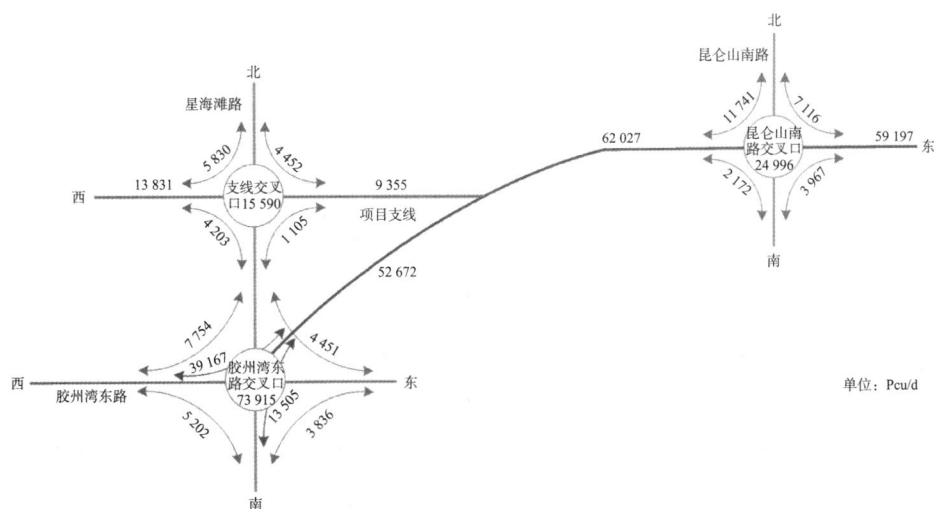

图2.4 不考虑该项目收费情况下，转弯交通量分布图

该项目收费标准费 10 元/车，该项目远景交通量预测结果见表 2.14，转向交通量见表 2.15。转弯交通量分布图见图 2.5。

表 2.14 该项目远景交通量预测结果

单位：pcu/d

路线	路段	2025	2030	2035	2040	2044	2045	2049
项目主线	昆仑山南路—隧道分叉口	26 078	33 107	40 778	47 788	52 487	53 668	56 417
	隧道分叉口—胶州湾东路	21 858	27 692	34 090	39 992	43 877	44 852	47 128
项目支线	隧道分叉口—星海滩路	4 220	5 415	6 688	7 796	8 610	8 816	9 289

表 2.15 转向交通量预测表

单位：pcu/d

相交道路	方向	2025年	2030年	2035年	2040年	2044年	2045年	2049年
昆仑山南路	西—南	682	850	1 030	1 213	1 350	1 383	1 504
	西—北	5 039	6 216	7 450	8 674	9 570	9 788	10 548
	东—南	2 011	2 523	3 076	3 608	3 958	4 042	4 331
	东—北	3 729	4 606	5 527	6 443	7 116	7 280	7 854
	合计	11 461	14 195	17 083	19 938	21 994	22 493	24 237
星海滩路	西—南	1 967	2 428	2 909	3 383	3 743	3 831	4 083
	西—北	2 963	3 692	4 444	5 097	5 512	5 609	5 878
	东—南	601	757	922	1 070	1 168	1 191	1 260
	东—北	2 009	2 497	2 997	3 428	3 699	3 762	3 934
	合计	7 540	9 374	11 272	12 978	14 122	14 393	15 155
胶州湾东路	隧道—西	16 921	20 892	25 328	29 542	32 515	33 268	34 897
	隧道—南	4 937	6 800	8 762	10 450	11 362	11 584	12 231
	北—西	4 098	5 167	6 300	7 390	8 139	8 297	8 718
	北—东	2 714	3 259	3 802	4 287	4 572	4 640	4 851
	南—西	2 816	3 496	4 213	4 929	5 438	5 547	5 823
	南—东	2 207	2 766	3 349	3 864	4 199	4 264	4 440
	合计	33 693	42 380	51 754	60 462	66 225	67 600	70 960

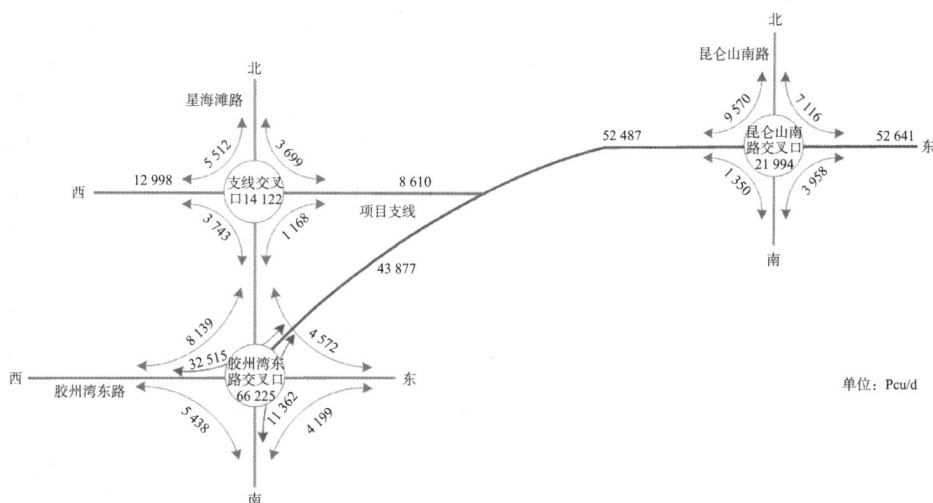

图2.5 该项目收费标准在10元/车的情况下，转弯交通量分布图

二、特征年车型构成

根据项目影响区内主要道路交通量调查情况分析，拟改扩建项目交通量以小客车为主。随着黄岛区、沿线城镇区域的快速发展，居民生活水平逐渐提高，小客车出行比重会小幅上升。随着沿线地区社会经济的不断发展，人民生活水平逐渐提高，自驾出行量将不断增加，小客车比重将逐年上升，大客车比重将逐年下降。

根据该项目影响区各地市社会经济现状及发展规划，参考现状运输通道内车型比例关系，分别采用按照不收费、收费标准10元/车，来预测拟建项目未来年车型比例，预测结果见表2.16、表2.17。

表2.16 不收费时拟建项目未来年车型比例（自然数）

年份	小货	中货	大货	特大货	集装箱	小客	大客	合计
2025	7.2%	3.1%	2.2%	4.3%	1.4%	78.6%	3.2%	100.0%
2030	7.3%	3.2%	2.1%	4.2%	1.3%	78.8%	3.1%	100.0%
2035	7.4%	3.3%	2.0%	4.1%	1.2%	79.0%	3.0%	100.0%
2040	7.5%	3.4%	1.9%	4.0%	1.1%	79.2%	2.9%	100.0%
2044	7.6%	3.5%	1.8%	3.9%	1.0%	79.4%	2.8%	100.0%
2045	7.6%	3.5%	1.8%	3.9%	1.0%	79.4%	2.8%	100.0%
2049	7.7%	3.6%	1.7%	3.8%	0.9%	79.6%	2.7%	100.0%

表 2.17　采用 10 元 / 车收费标准时拟建项目未来年车型比例（自然数）

年份	小货	中货	大货	特大货	集装箱	小客	大客	合计
2025	7.5%	2.9%	2.4%	4.4%	1.5%	77.8%	3.5%	100.0%
2030	7.7%	3.0%	2.3%	4.3%	1.4%	77.9%	3.4%	100.0%
2035	7.9%	3.1%	2.2%	4.2%	1.3%	78.0%	3.3%	100.0%
2040	8.1%	3.2%	2.1%	4.1%	1.2%	78.1%	3.2%	100.0%
2044	8.3%	3.3%	2.0%	4.0%	1.1%	78.2%	3.1%	100.0%
2045	8.3%	3.3%	2.0%	4.0%	1.1%	78.2%	3.1%	100.0%
2049	8.5%	3.4%	1.9%	3.9%	1.0%	78.3%	3.0%	100.0%

第三章

<<< 建设方案适应性分析

第一节　G228改线概况及适应性分析

一、改线廊带分析和比选

（一）现状G228路线和交通情况

G228丹东线是《国家公路网规划（2013年—2030年）》47条北南纵线中的沿海交通纵线，起点为辽宁丹东，终点为广西东兴。在青岛市区内沿蓝色硅谷—王沙路—双积路—昆仑山路—滨海大道布设。

西海岸新区范围内，G228沿昆仑山路—滨海大道走向，穿越城市沿海核心区，公路长途交通与城市组团间中长距离交通、组团内到发和集散交通混杂，交通拥堵和干扰冲突严重。目前，日交通量6.7万辆（玉皇山路断面），远超原设计交通量4.5万辆/日，交通量与日俱增，部分路段拥堵严重，已成为制约新区乃至青岛市经济社会发展的瓶颈。

（二）现状 G228 存在的主要问题

现状G228北接胶州市交大大道，沿昆仑山路—滨海大道敷设，西段在董家口范围内接入G204国道。其中，滨海大道（海西路至昆仑山路段）位于西海岸新区沿海城市核心区，现状滨海大道沿线开发密度高、交通流量大、国道功能减弱，已不能承载G228丹东线的功能需求，具体原因有如下几个方面。

1. 交通量增长迅速

现状滨海大道是连接胶州湾隧道的重要道路。西海岸新区受海岸线和小珠山山体阻隔，缺乏东西向通道，过境交通、城间到发交通和新区内部东西两区之间的交通联系均集中在前海一线，滨海大道交通量成倍增加。目前，日交通量已达到6.7万辆（玉皇山路断面）~9.0万辆（嘉陵江路断面），远超设计交通量4.5万辆/日，道路达到饱和，服务水平降低，现状已无法承担国道228交通功能。

2. 沿线城市化建设密集，目前已按城市化管理

随着沿线开发建设的推进和交通量的快速增长，近年来，滨海大道城区段（海西路以东）按照城市管理和主干路标准进行多次整治与扩建后，道路断面由公路双向6车道+硬路肩改为双向8车道，单车道宽度为3.25 m～3.5 m；交叉口范围内渠化展宽段，局部单车道宽度为2.8 m～3 m，以通行城市公交和小汽车为主。

3. 穿越城市核心区，限制货运车辆通行

滨海大道城区段（海西路以东）位于城市核心区，限制货运车辆通行，G228货运功能受限，对西海岸新区前湾港、辛安工业区、董家口港区等产业区的货运联系功能缺失，影响工业经济发展。

基于交通量的快速增长、城市规划建设和道路通行能力，现状G228（城区段）难以承担国家公路网规划功能，且考虑滨海景观需求、用地条件限制和地铁规划建设等因素，通过拓宽、高架或地下道路进行原位扩容的难度较大。

（三）G228丹东线改线廊带

为保证国道功能，优化路线走向，完善公路网布局，均衡路网交通分布，缓解现状道路交通压力，保障路网安全畅通，计划对G228丹东线穿越新区城市核心路段进行改线。

根据西海岸新区公路和道路网条件、建设用地规划和地形地势等情况，提出三条改线走廊：南线（原线位）、中线、北线。

1. 南线走廊（原线位）

该走廊方案沿现G228（滨海大道）线路原位扩建。根据西海岸新区总体规划，现状滨海大道沿线规划有唐岛湾中心片区、灵山卫片区、朝阳山片区、新区核心区北片区、新区核心区、海西路东片区、大珠山片区，均为西海岸新区沿海旅游、商业、商务、办公、教育和居住等发展核心区；滨海大道规划红线宽度为45 m～50 m，现状基本实现规划宽度，两侧规划建设密集、滨海景观的需求较高，且居住、商业、教育等对环境影响敏感业态较多，原位扩建将对沿线带来较大的不利影响，在前期走廊带分析和评价中，沿线单位、居民、高校等均明确反对，因此原路线扩建不具备可行性。

2. 中线走廊

中线走廊沿昆仑山路（现G228）—嘉陵江路西延（小珠山隧道）—胶州湾西路—海西路—滨海大道（现G228），通过新建嘉陵江路西延段（小珠山隧道），利用现状胶州湾西路—海西路，完成G228改线，线路总长度约30 km。其中，新建段长约12.13 km（小珠山隧道长4.32 km），胶州湾西路—海西路利用现状路段长约18.6 km，

道路沿线多为工业区或规划建设地块，G228改线后能够更好地辐射周边，促进西海岸新区经济发展。

3. 北线走廊

北线走廊沿昆仑山路（现G228）—黄河路—黄河路西延（穿越小珠山）—铁宝公路—滨海大道（现G228），通过利用现状黄河路、规划黄河路西延、铁宝公路路线，在古镇口湾接至滨海大道（现G228），路线总长约45.82 km，规划黄河路西延采用隧道穿越小珠山，山岭隧道长度约9.54 km，工程路线较长、投资较大，且距离城市规划建设范围较远，沿线多为山体，对城市建设和经济社会服务辐射能力较弱，距离前湾港区、辛安工业区、海洋高新区、董家口港区等主要工业、港区距离较远，投资效益较低。

4. 走廊带推荐

经前期走廊带调查、分析和社会评价，考虑原走廊带扩建对沿线影响较大，北线走廊带距城市规划建设区较远、服务能力较低，为充分发挥公路对沿线经济社会发展的推动作用，提高项目建设的综合效益，推荐采用中线走廊：昆仑山路（现G228）—嘉陵江路西延（小珠山隧道）—胶州湾西路—海西路—滨海大道（现G228）。

二、推荐走廊（中线）适应性分析

（一）路线现状及适应性评价

推荐改线走廊分为新建路段、现状道路利用路段两部分。新建路段：自昆仑山路向西穿越小珠山，在星海滩路以西接至胶州湾西路。现状道路利用路段：自新建段接入点起，继续向西沿现状胶州湾西路—海西路，至滨海大道接回G228，全长约18.6 km，现状道路利用段原为S209，技术等级为一级公路、设计速度为60 km/h，路线技术指标整体较高。

表3.1　道路现状指标情况一览表

道路分段	道路等级	设计速度（km/h）	运行车速（km/h）	路面宽度（m）	路基宽度（m）	路线长度（km）	路面类型
海西路段（滨海大道—胶州湾西路）	一级公路（兼城市主干路）	60	60	31	38	11	沥青
胶州湾西路（海西路—珠山北路）	一级公路（兼城市主干路）	60	60	23.5	29.5	1.3	沥青

道路分段	道路等级	设计速度（km/h）	运行车速（km/h）	路面宽度（m）	路基宽度（m）	路线长度（km）	路面类型
胶州湾西路（珠山北路—两河路）	一级公路（兼城市主干路）	60	60	24	32	4.9	沥青
胶州湾西路（两河路—星海滩路以西）	一级公路（兼城市主干路）	60	60	24	32	1.4	沥青

1. 现状平面路线分析

胶州湾西路段。东起嘉陵江路西延段终点，西至海西路，路线长约 7.6 km，原路为一级公路标准，设计速度 60 km/h。沿线设 2 处圆曲线，半径分别为 1 000 m、3 000 m，其中 1 000 m 半径位于本次 G228 丹东线（嘉陵江路西延段）改线工程实施范围内，需要新设 3% 超高，现状 3 000 m 半径无须设置超高。现状平面路线技术指标较高，局部优化调整后基本符合一级公路、60 km/h 技术标准要求。

海西路段。北起胶州湾西路，南至滨海大道，路线长约 11 km，原路为一级公路标准，设计速度 60 km/h。沿线设 6 处圆曲线，半径分别为 650 m、610 m、600 m、2 500 m、1 350 m、360 m，除 2 500 m 半径外，其余圆曲线半径均需设置超高。其中，半径为 360 m 位置设 4% 超高，半径为 650 m、610 m、600 m 位置设 3% 超高，半径为 1 350 m 位置设 2% 超高。

2. 纵断面路线分析

胶州湾西路段。原路现状纵坡较缓，线形较好，纵坡最大 4.321%、最小 0.3%，最小坡长 200 m，位于两河路至水城路段。目前，正在建设的胶州湾西路与水城路立交工程对本段纵断坡度进行了优化设计，优化后的纵坡满足一级公路 60 km/h 的技术标准要求。

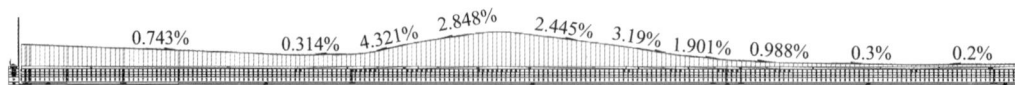

图3.1 胶州湾西路（星海滩路—凤凰山路）纵断面图

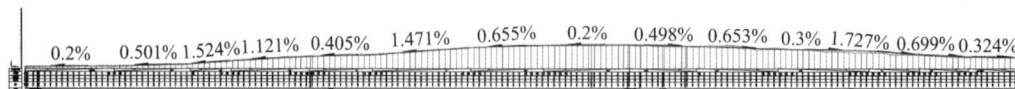

图3.2 胶州湾西路（凤凰山路—海西路）纵断面图

海西路段。原路现状纵坡较缓，线形较好，纵坡最大 3.8%、最小 0.3%，最小坡长 220 m，现状可满足一级公路 60 km/h 的技术标准要求。

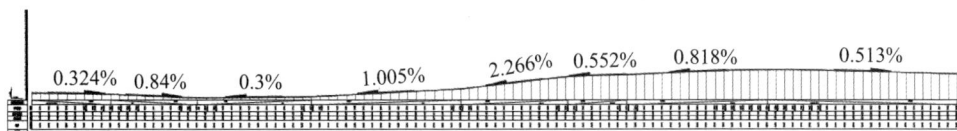

图 3.3　海西路（胶州湾西路—临港路）纵断面图

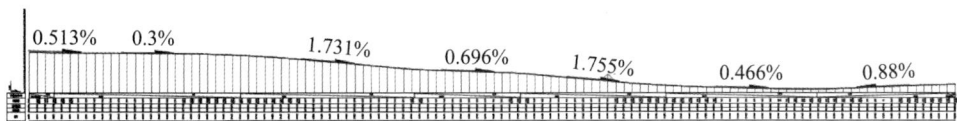

图 3.4　海西路（临港路—风河）纵断面图

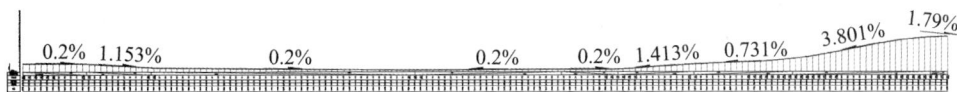

图 3.5　海西路（风河—世纪大道）纵断面图

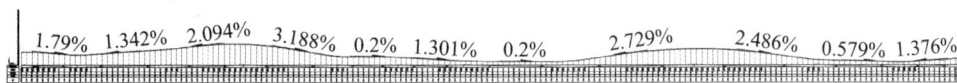

图 3.6　海西路（世纪大道—滨海大道）纵断面图

3. 平纵组合

原路为 S209，其设计平纵指标基本保持均衡，平纵组合较为协调，无不良平纵路线组合情况，可满足一级公路平纵线形组合要求。

4. 胶州湾西路—水城路立交情况

胶州湾西路与水城路立交为一级公路与城市主要交通干道立体交叉节点，目前正在实施，项目东起两河路，西至朝阳山路以西 400 m。胶州湾西路主线采用敞口式地道下穿水城路，两侧设地面辅路与水城路平面交叉进行联系。

工程范围内现状道路存在一处较大纵坡，坡度 4.32%。胶州湾西路与水城路立交工程将工程范围内的主线纵断面进行优化，最大纵坡为 3.5%，最小纵坡为 0.3%，立交工程实施完成后，胶州湾西路利用路段纵断面满足一级公路 60 km/h 的技术标准。

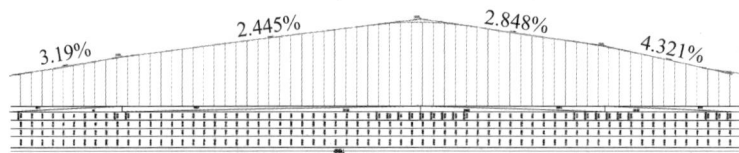

图3.7　胶州湾西路与水城路节点现状道路纵断面图

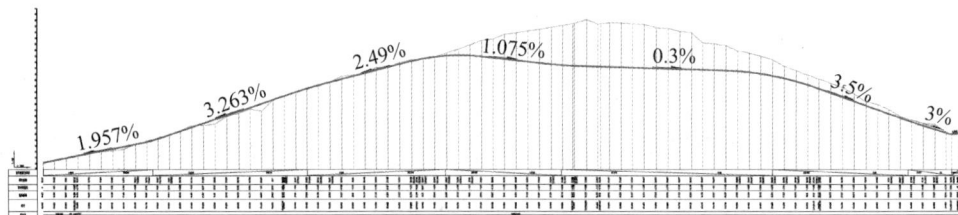

图3.8　胶州湾西路与水城路节点设计纵断面图

5.适应性评价

G228改线工程新建路段。按照一级公路、80 km/h标准设计建设，工程的起点位置嘉陵江路接昆仑山路现状为"T"型交叉路口，该节点嘉陵江路与昆仑山路西—北联系，根据交通量预测，采用定向（半定向）匝道联系；其余方向根据规划采用定向匝道或环形匝道联系。

G228改线工程现状道路利用段。基本利用现有道路路线、地面道路形式，沿线圆曲线路段根据半径、位置和规范要求设置超高，结合水城路立交建设对现状局部纵坡较大路段进行改造后，基本满足一级公路、60 km/h技术标准。

（二）路基现状及适应性评价

1.路基现状

G228改线现状道路利用段，胶州湾西路、海西路等近几年均进行过较大改造。

（1）胶州湾西路（兰东路—两河路）。该段道路于2015年新建，设计速度为60 km/h，路基宽度33.5 m。该段道路位于灵山湾影视文化产业区范围内，为双向六车道+硬路肩，两侧设置人行道。其横断面布置为：3 m人行道+1 m绿篱带+11.25 m行车道+3 m中分带+11.25 m行车道+1 m绿篱带+3 m人行道=33.5 m。

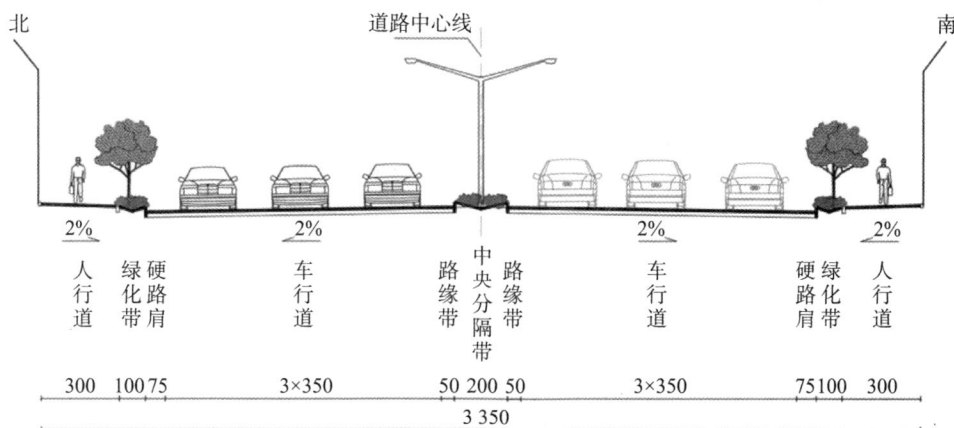

图 3.9 现状道路断面布置（单位：cm）

（2）胶州湾西路（水城路-珠山路）。该段道路建于 2008 年，2019 年进行了大修，全线车行道进行了翻建处理，设计速度为 60 km/h，路基宽度 32 m，为双向六车道+硬路肩，两侧设置人行道。其横断面布置为：3 m 人行道+1 m 绿化带+11 m 车行道+2 m 中分带+11 m 行车道+1 m 绿化带+3 m 人行道=32 m。

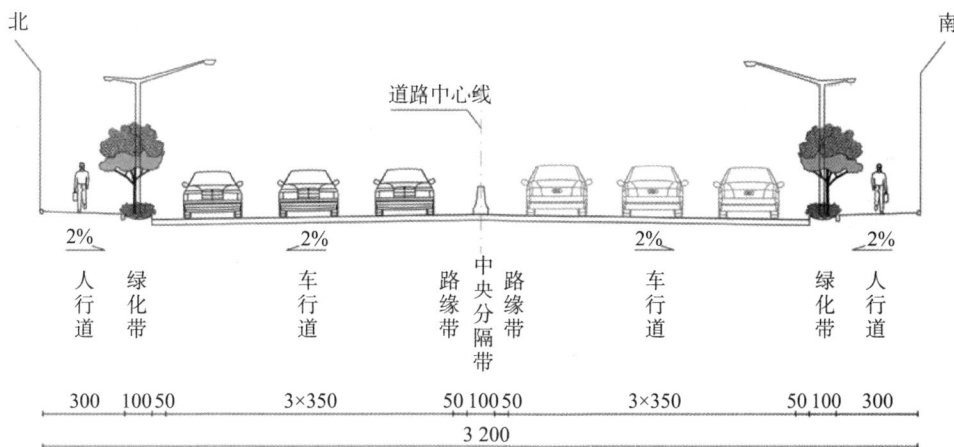

图 3.10 现状道路断面布置（单位：cm）

（3）胶州湾西路段（海西路-珠山北路）。该段道路于 2019 年新建，按照一级公路兼顾城市主干路标准建设，设计车速为 60 km/h，现状路基宽度 32 m。其横断面布置为：3 m 人行道+1 m 绿化带+11 m 车行道+2 m 中分带+11 m 行车道+1 m 绿化带+3 m 人行道=32 m。

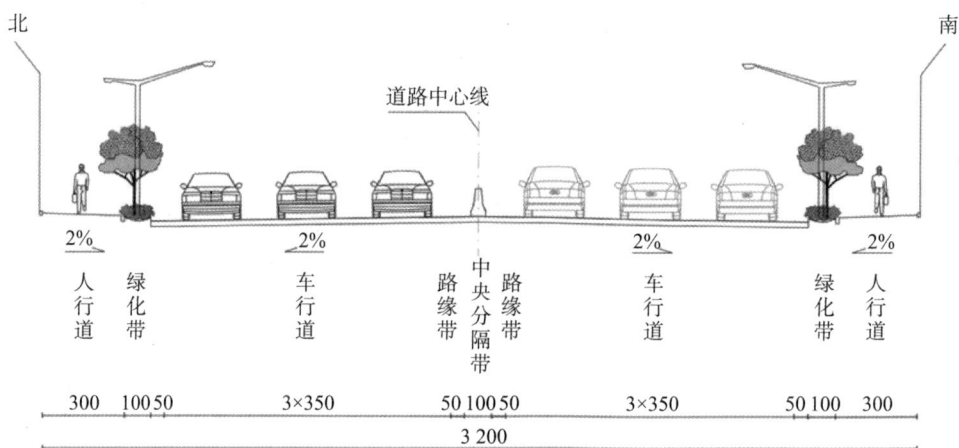

图3.11　现状道路断面布置：胶州湾西路段（海西路—珠山北路）（单位：cm）

（4）海西路段。该段道路于2019年进行拓宽改造，并对现状路面进行拆除后重建，按照一级公路标准进行建设，设计车速为60 km/h，现状路基宽度38 m，路面宽度31 m。其横断面布置为：2 m人行道+1.5 m绿篱带+3 m硬路肩+11.5 m机动车道+2.0 m中央分隔带+11.5 m机动车道+3.0 m硬路肩+1.5 m绿篱带+2 m人行道=38 m。

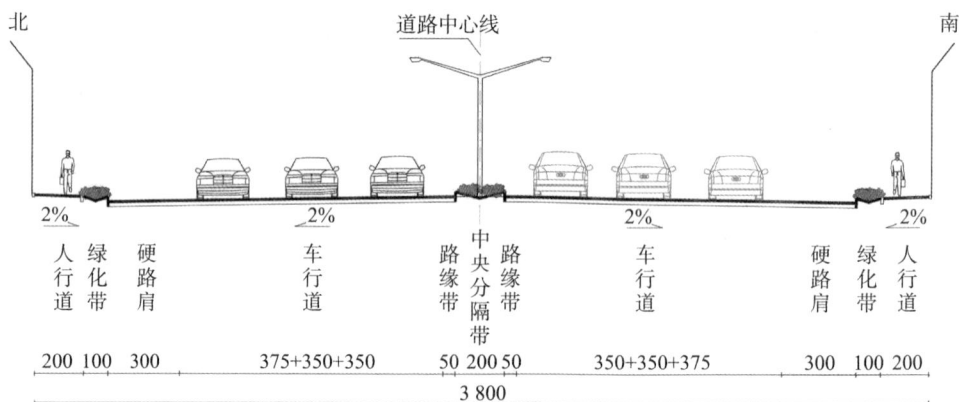

图3.12　道路断面布置：海西路段（单位：cm）

2. 路基排水状况

全线排水系统较完善：海西路段、胶州湾西路段均改为城市主干路管理，全线敷设雨水管道，雨水通过道路两侧雨水口进入管道，排入下游管道或周边水系内。

3. 路基适应性评价

道路现状横断面布置：车道宽度最小3.5 m，路缘带宽度最小0.5 m，基本满足一级公路、60 km/h的行车道宽度。按照城管路段交通管理需要，现状胶州湾西路不设置右侧硬路肩，设0.5 m～0.75 m宽路缘带；现状海西路设置3 m宽硬路肩。

老路路基为土质路基，路基为干燥状态，基本趋于稳定。

（三）路面现状及适应性评价

胶州湾西路、海西路现状均为沥青混凝土路面，路面结构按城市主干路标准进行设计，路面横坡 1.5%，路面结构为：

沥青玛蹄脂碎石混合料（SMA-13）4 cm；

粘层沥青油（PC-3）0.5 L/m²；

中粒式沥青混凝土（AC-16C）5 cm；

粘层沥青油（PC-3）0.5 L/m²；

粗粒式沥青混凝土（AC-25C）7 cm；

下封层 1 cm；

透层沥青油（PC-2）1.1 L/m²；

36 cm 水泥稳定碎石（分两层压实）；

18 cm 水泥稳定砂。

胶州湾西路和海西路均为近年的大修道路，路面整体状况较好，局部存在纵、横向裂缝及坑槽、龟裂等病害，维修后可满足一级公路通行要求。

（四）交叉口现状及适应性评价

现状利用段沿线交叉道路有：兰东路、两河路、水城路、朝阳山路、凤凰山路、大珠山路、光大路、珠山路、双凤山路、胶河路（在建）、玉锦路、临港路、东岳路、铁橛山路、灵山湾路、凤玉路、明月路、明关路、峄山路、世纪大道、寨子山路、海西支路，共计 22 个交叉口。其他均为乡村公路、农田生产便道，相交路的路面结构多为沥青路面。

现状胶州湾西路沿线交叉道路间距较大，交叉口最小距离 644 m，满足一级公路城管路段平面交叉口最小间距要求；现状海西路交叉道路间距基本满足一级公路要求，仅东岳路至铁橛山路交叉口间距较小，为 290 m，对铁橛山路采用"右进右出"管控方式进行交通组织。

沿线现状交叉口以平面交叉、信号灯控制管理位置。其中，胶州湾西路接海西路现状为"T"型交叉口，采用信号管控形式进行交通组织，在信号配时方面优先考虑胶州湾西路与海西路转向交通，其余方向可适当减少交通配时，保证胶州湾西路与海西路为交通主流向；终点位置海西路接滨海大道现状为"T"型交叉口，采用信号管控形式进行交通组织，在信号配时方面优先考虑海西路与现状 228国道转向交通，其余方向可适当减少交通配时，保证海西路与现状 228 国道为交通主流向。

（五）适应性评价

综合分析现状胶州湾西路—海西路路线、路基、路面和交叉状况、区域规划、用地及投资等因素，拟建公路改线项目推荐尽可能沿老路线位。经适应性评价分析，现状道路平面、纵断、横断面、路基、路面等经优化后，可以满足一级公路、60 km/h 技术标准要求。经过对 G228 改线现状利用路段交叉道路间距、交通组织形式进行梳理，海西路与铁撅山路交叉口计划改为"右进右出"交通组织形式，满足一级公路最小交叉口间距要求。另外，需对本次改线工程利用现状道路段的沿线交通设施及安全设施进行全面提升改造，以满足一级公路运行安全要求。

以上涉及的局部优化和交安设施提升内容，除有相关项目同步建设之外，其余内容建设单位下一步计划单独立项实施。

第二节　建设项目起终点论证

路线起终点的确定应综合考虑项目的建设目的、建设背景、近远期结合方案、使用功能、现状及规划路网布局等因素。

根据青岛市公路综合交通规划，滨海大道（昆仑山路以西段）是 G228 丹东线的组成部分，自西海岸新区核心区穿越，国道过境交通进入城市核心区，对城市环境品质、道路交通安全均存在较大的干扰。随着城市不断发展，滨海大道交通压力日趋增大，高峰时段拥堵严重，尤其是在西海岸新区中部、南部组团大量交通需横穿城区，东西向通道较为缺乏的情况下，造成城区内部道路尤其是前海一线道路交通进一步拥堵，滨海大道已不利于承担G228公路快速过境等功能需求。

为分离过境和货运交通，提升城市核心区生活宜居性，将 G228（昆仑山—滨海大道段）改线至昆仑山路—嘉陵江路—胶州湾西路—海西路—滨海大道段，改线路段起止点为昆仑山路—嘉陵江路交叉口、海西路—滨海大道交叉口。

路线起终点要求应符合路线总体走向，并应充分考虑路网现状及规划，与路网合理有效衔接，以使拟建项目最大限度地发挥整体效益。

1. 路线起点

为保证改线路径闭合、标准一致、建设时序统一，将昆仑山路—嘉陵江路交叉口设置为路线起点，同步对香江路—昆仑山路段现状道路进行改建。

该项目起点衔接的昆仑山路为双向 6 车道、公路城管段。为保证起点与路网合理、有效地衔接，保证嘉陵江路与昆仑山路北向交通联系主流向，嘉陵江路主线与昆仑山路之间设置单向 2 车道定向匝道连接。

2. 路线终点

（1）改线工程路线终点：海西路–滨海大道交叉口。终点衔接的滨海大道为双向 6 车道断面，两侧设硬路肩。为保证终点与路网合理有效衔接，保证海西路与滨海大道西向交通联系主流向，海西路（北）与滨海大道西向规划设置封闭地面路，滨海大道北半幅采用下穿立交。

（2）新建路段路线终点。本次新建的 G228 丹东线（嘉陵江路西延段）作为 G228 改线的控制性工程，计划先期实施；结合规划和既有路网布局、区域控规、地块规划和出让情况、已建和在建建筑等因素，先期实施段终点考虑了两个方案。

方案一：星海滩路以东接入胶州湾西路。

结合西海岸新区总体规划和综合交通规划，以及区域控规和地块规划、出让和建设情况，路线向南调整，避让部分已建成建筑和在建地块后，分别下穿现状 220 kV 大楼站、规划恒光热电地块、现状冲沟以及在建未来星城后，终点在星海滩路以东、创智路交叉口范围、清华美院与创智产业园之间接入胶州湾西路。

方案二：星海滩路以西接入胶州湾西路。

为避让已出让、在建和已建成地块，降低社会稳定和施工风险，减少对既有建筑的影响，路线在总规基础上向北侧调整，自蒋家店子村北侧沿柏果树河向西南敷设，穿越 3 处规划地块（未出让）后，在星海滩路以西接入胶州湾西路，终点位于兰东路。

综合考虑实施难度、社会稳定性、已出让和在建地块及建成建筑的影响、珠光路匝道设置条件、后期运维管理等因素，结合前期研究和专家咨询意见，采用方案二（兰东路–胶州湾西路交叉口）作为项目终点。

第四章

<<< **推荐方案**

第一节　起终点及主要控制点

1. 路线起终点

起点——嘉陵江路与昆仑山路交叉口，终点——胶州湾西路与兰东路交叉口。

2. 路线走向

该项目东起嘉陵江路与昆仑山路交叉口，昆仑山路至香江路段沿现状路线对既有道路进行改建；继续向西结合区域控规规划、已出让地块和现状建筑情况，路线在总规基础上向北调整，避让大片规划居住地块后，采用上下行分离式双洞隧道穿越小珠山。主线隧道自珠光路东侧出洞后，向西南偏转，沿柏果树河敷设，在星海滩路以西接入胶州湾西路，全长约12.13 km。其中，隧道段长约6.03 km，主线桥梁长度约1.39 km，地面道路长约4.71 km。

3. 主要控制点

该工程沿线主要控制点：昆仑山路—嘉陵江路交叉口，现状嘉陵江路建成路段以及交叉的锦屏山路、金钟山路、香江路、规划珠宋路、崀山路、规划创智路、星海滩路、胶州湾西路等，李家河村、山子西村、古月山庄、山水嘉苑、山水文苑等现状村庄和居住区，小珠山保护线及生态红线等。

图4.1-1　蔡家庄水库

图4.1-2　胶州湾西路与星海滩路交叉口

图4.1-3　康大观山越

图4.1-4　现状嘉陵江路

图4.1　该工程主要控制点示意图

第二节　规模、标准及主要技术指标

一、建设规模

该项目主线全长约 12.13 km（含昆仑山路北—西匝道及昆仑山路主线衔接段），其中，隧道段长约 6.03 km（主线特长隧道长约 4.32 km，中隧道长约 0.91 km，短隧道长约 0.42 km、0.38 km）；桥梁长约 1.39 km（大桥 1 390 m/4座）；地面道路（含开口段）长约 4.71 km，路基土石方为 150.192 万 m^3，路面工程为 608.619 km^2；互通立交 3 座（昆仑山路立交、珠光路立交、星海滩路立交），分离式交叉 8 处（锦屏山路、金钟山路、香江路、规划外环路 2 处、规划珠宋路、崮山路、规划柏果河西路）；平面交叉 4 处；通道 4 处，人行天桥 4 处；收费站 1 处，养护工区 1 处。

二、主要技术经济指标

表 4.1　推荐方案主线技术指标表

分类	项目	技术指标	
		规范值	采用值
总体指标	设计速度	主线：80 km/h，匝道：40 km/h	
	车道数	主线：双向 6 车道，匝道：按规范和交通量设置	

分类	项目	技术指标	
		规范值	采用值
主线公路指标	行车道宽度	3.5 m / 3.75 m	3.5 m / 3.75 m
	中央分隔带宽度	满足功能需求	2.5 m
	左侧路缘带宽度	0.50 m	0.50 m
	硬路肩	3 m/1.5 m/0.75 m	0.75 m
	净空高度	5.00 m	5.00 m
	路基边坡/路堑边坡	1∶1.5~1∶1.75 / 1∶1~1∶1.5	1∶1.5~1∶1.75 / 按地质情况
	路基设计洪水频率	1 / 100	1 / 100
	路面横坡度	2%	2%
	平面交叉间距	2 000 m / 1 000 m / 500 m（干线一般值 / 干线最小值 / 集散）	≥2 000 m
	最大平曲线半径	不宜大于10 000 m	3 000 m
	圆曲线最小半径	400 m / 2 500 m（一般值 / 不设超高）	550 m
	平曲线最小长度	400 m / 140 m（一般值 / 最小值）	458.92 m
	缓和曲线最小长度	70 m	125 m
	平曲线间最小直线长度	480 m / 160 m（同向/反向）	无 / 438.5 m（反向）
	控制直线最大长度	一般不宜大于3 200 m	1 399.78 m
	最小停车视距	110 m	110 m
	路线最大纵坡	5.00%	3.5%
	路线最小纵坡	0.30%	0.12%
	纵坡最小坡长	200 m	235 m
	纵坡最大坡长	1 000 m（3.5%）	415 m（3.5%）
	凸形竖曲线最小半径	4 500 m / 3 000 m（一般值 / 最小值）	6 000 m
	凹形竖曲线最小半径	3 000 m / 2 000 m（一般值 / 最小值）	6 500 m
	竖曲线最小长度	170 m / 70 m（一般值 / 最小值）	104.7 m
	桥涵设计汽车荷载等级	公路—Ⅰ级	公路—Ⅰ级 / 城—A级
	桥涵设计洪水频率	1 / 100	1 / 100

第三节　路基工程

一、路基横断面布置

1. 道路功能段落划分

拟建项目技术等级为一级公路，根据《西海岸新区总体规划》《信息谷片区控制性详细规划》《朝阳山片区控制性详细规划》等：①昆仑山路至香江路段为现状道路，两侧为工业用地、居住用地、商业用地等，因此在该段需要考虑城市交通组织和行人通行需求，需设置辅路、人行道、绿化带等。②香江路至星海滩路段规划暂不明确，道路两侧现状多为绿地，无行人通行需求，仅在车行道两侧设检修道。③星海滩路以西顺接胶州湾西路段，需要考虑城市交通组织和行人通行需求，需设置辅路、人行道、绿化带等。

2. 路基标准横断面

路基段标准横断面组成为：0.75 m 土路肩+0.75 m 右侧硬路肩+2×3.75 m 混行车道+3.5 m 小汽车道+3.5 m 中间带（含中央分隔带、两侧路缘带）+3.5 m 小汽车道+2×3.75 m 混行车道+0.75 m 右侧硬路肩+0.75 m 土路肩=28.5 m。

（1）东端现状道路改建段横断面。

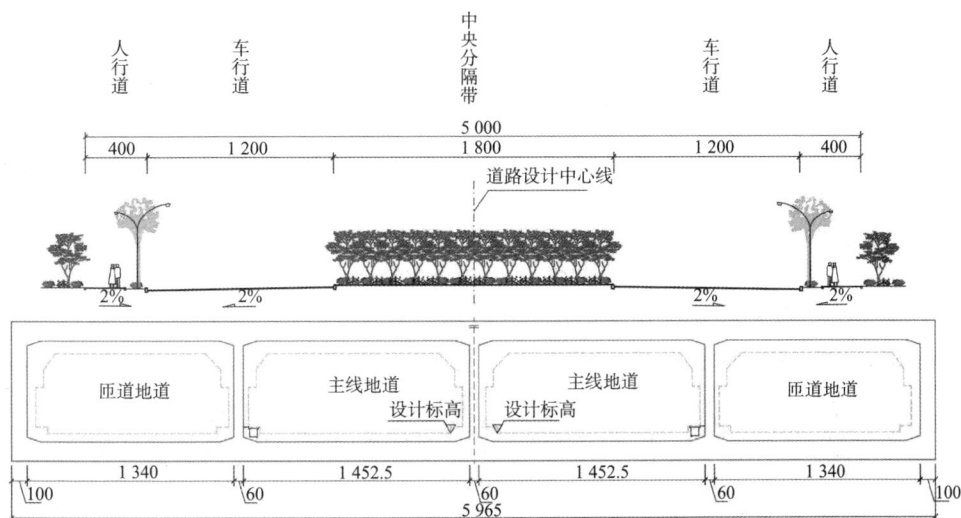

图4.2　东端现状道路改建段横断面示意图（单位：cm）

（2）路基段标准横断面。

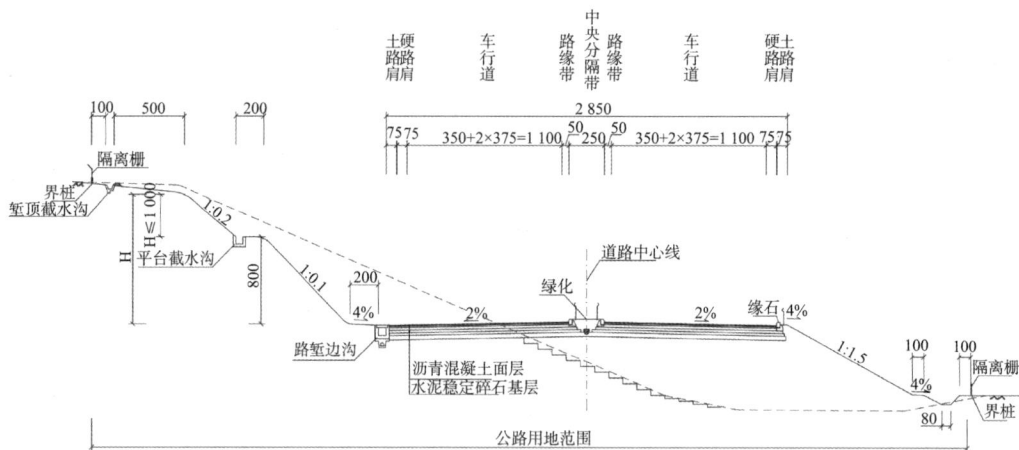

图4.3 填方及挖方路段路基标准横断面图（单位：cm）

（3）西端胶州湾西路段横断面。

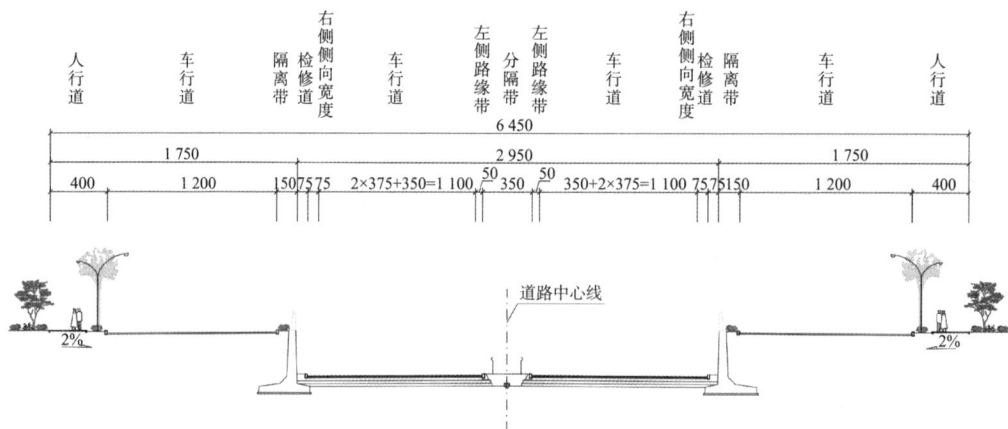

图4.4 西端胶州湾西路段横断面示意图（单位：cm）

二、边坡坡率

填方边坡高度小于8 m时，采用直线边坡，坡率1:1.5；边坡高度超过8 m时，边坡形式采用台阶形，每级高度为8 m，从上到下边坡坡率分别取1:1.5、1:1.75、1:2，每两级边坡间设2.0 m宽平台，平台上设向外倾斜4%的横坡。

挖方边坡高度小于8 m时，采用一级边坡，坡率的选取须结合占地及岩土性质等因素综合考虑；挖方高度大于8 m时，需要分级处理，每8 m设一平台，平台宽2 m，挖方边坡坡率根据路堑岩土类别和风化程度结合防护方案统一考虑。

三、路基设计标高及路拱横坡

路基设计标高为中央分隔带路缘石外侧边缘处路面标高，行车道、路缘带及硬路肩采用2%横坡。

四、路基超高及加宽

该项目主线圆曲线半径均不小于250 m，不设加宽；半径小于2 500 m的圆曲线设置超高，其超高方式为：以左侧车行道边缘（或设计中心线）作为设计标高，超高过渡以左侧车行道边缘（或设计中线）为旋转轴，绕其旋转。

为了避免路面出现滞水区，保证路面排水顺畅，超高渐变率不小于1/200，硬路肩与行车道一起超高，横坡相同；超高段应位于缓和曲线内，缓和曲线长度不小于超高渐变段，二者取最大值。

五、一般路基要求

1. 表层处理

路基施工前应清除地表草皮、树根、腐殖土、垃圾、杂物等，清表厚度30 cm。施工范围内的现状车行道、人行道、房屋基础、硬化场地及其他现状构筑物、电线杆及基础、路灯及基础、信号灯及基础、标志牌及基础、地下管道等需按照设计情况拆除。

2. 一般路基处理

工程范围内统筹考虑填挖平衡，路基填筑应满足：① 采用本工程开挖的、符合要求的石渣作为路基填料，分层回填压实，充分利用隧道和挖方弃渣。② 路床范围内填料最大粒径不大于100 mm，路床以下填料最大粒径不大于150 mm。按设计要求分层回填压实后，路床顶面回弹模量值应不小于50 MPa。

3. 车行道范围沟槽处理

管线埋深在路床以内的，需优化路基处理和管道施工工序组织，并根据管线设计需要采取必要的保护措施，确保路基压实度和回弹模量；管线埋深在路床以下的，按管道设计填料及压实度要求对管周进行回填压实，之后按照道路设计填料及压实度分层回填至路床顶面；路基处理需结合管线位置和埋深合理制订工序和施工方案，确保路基压实质量。

4. 与现状路基衔接处

对现状道路路基挖台阶处理，新建路基部分压实度在设计标准上提高1.0%，以缓解新旧路基不均匀沉降；台阶宽度不小于1.0 m，并以3%坡度内倾，沿着接缝骑缝，通长设置2 m宽土工格栅，土工格栅采用TGSG4545聚丙烯双拉塑料格栅。

5. 人行道路基

采用砂类土分层回填压实，压实度不小于90%，回弹模量不小于25 MPa。

六、特殊路基要求

结合工可阶段调绘地勘资料及沿线踏勘，本工程特殊路基主要为高填方路基，应严格控制回填材料和压实度，且每填高1.5 m应采用冲击碾压等方式对路基压实质量进行提高；沿线分布有部分沟渠，开挖时若发现淤泥等软弱土层，将淤泥挖除后采用换填垫层法进行处理。

七、材料要求

1. 路基填料

采用本工程开挖的、符合设计要求的石渣作为路基回填料；填料700 ℃有机质烧失量不大于8%；路床范围最大粒径不大于10 cm，路堤范围最大粒径不大于15 cm。

2. 石渣

粒径4 cm以上的石料含量30% ~ 70%，含泥量不大于10%，软弱颗粒含量不大于10%，石料压碎值不大于35%并应级配良好，不得采用统一粒径的石料。

八、路基压实与填料强度要求

路基填料最小强度、压实度（重型击实）及最大粒径应符合下表要求；当填方高度大于1.5 m时，路基各层施工压实度应在设计要求值基础上提高1.0%控制；按设计填料及压实度分层回填压实后，路基顶面回弹模量≥50 MPa。

表4.2 路基填料最小强度、压实度及最大粒径要求

项目分类	路床顶面以下深度（m）	填料最小强度CBR（%）	压实度（%）（重型击实）	填料最大粒径（mm）
填方路基	0 ~ 0.3	8	≥95	100
	0.3 ~ 0.8	5	≥95	100
	0.8 ~ 1.5	4	≥93	150
	>1.5	3	≥92	150
零填及挖方路基	0 ~ 0.3	8	≥95	100
	0.3 ~ 0.8	5	≥95	100

第四节　路面工程

一、路面设计原则及标准

1. 设计原则

路面应根据路面服务功能需求、交通量及组成，以及工程所处地区的气候特征、水文地质等自然条件设计，结合国际国内路面发展情况及当地实践经验、施工技术水平，并遵循因地制宜、合理选材、方便施工、利于养护、节约投资的原则，进行路面结构方案设计和综合比选，选择适宜的路面结构型式及组合厚度，同时防止路面产生早期破坏现象，延长路面使用寿命，提高行驶安全与舒适性。基层、底基层设计应贯彻就地取材的原则，选择技术成熟、性能优良、经济合理的结构。

2. 路面设计主要标准

表 4.3　路面设计主要标准

道路等级	一级公路
路拱横坡	2%
标准轴载	BZZ-100
设计使用年限	15 年

二、车行道结构设计

采用沥青混凝土路面结构，新建道路车行道结构计算采用双圆垂直均布荷载和水平荷载作用下的弹性层状理论进行计算，以路表弯沉值和层底拉应力为路面结构整体刚度的设计指标，以底层拉应力为沥青路面面层和半刚性基层材料的设计验算指标。该工程路面结构设计采用道路路面设计程序系统计算。

1. 路基段车行道路面结构

沥青玛蹄脂碎石混合料（SMA-13、添加低冰点材料）4 cm；

粘层沥青油 0.5 L/m²；

中粒式沥青混凝土（AC-20C）6 cm；

粘层沥青油 0.5 L/m²；

粗粒式沥青混凝土（AC–25C）8 cm；

粘层沥青油 0.5 L/m²；

乳化沥青下封层（撒石屑 8 m³/1 000 m²）；

透层沥青油 1.1 L/m²；

水泥稳定碎石 36 cm（水泥含量 6%，分两层铺筑）；

水泥稳定碎石 18 cm（水泥含量 5%）。

2. 山岭隧道及浅埋隧道车行道路面结构

沥青玛蹄脂碎石混合料（SMA–13、添加阻燃材料）4 cm；

粘层沥青油 0.5 L/m²；

中粒式沥青混凝土（AC–20C）6 cm；

粘层沥青油 0.5 L/m²；

C40 混凝土上基层 25 cm；

C20 混凝土下基层 15 cm。

三、人行道路面结构

香江路至昆仑山路段、胶州湾西路（星海滩路—兰东路段）现状为城市道路或公路城市管理段，两侧设有人行道。

本次主线工程建成后，需同步恢复以上路段的城市道路功能，主线上方或两侧设计辅路和人行道，人行道路面结构采用透水砖，通过形式、组合的变化，与周边景观统一、协调。同时，要考虑视觉不便者等特殊通行需求，在全线步行系统中，设置盲道、无障碍坡道等无障碍设施，形成完善便利的无障碍体系。

1. 人行道路面结构

透水砖 5 cm；

中粗砂 5 cm；

级配碎石 15 cm；

路基重型击实，压实度达 90% 以上，路基回弹模量 ≥25 MPa。

2. 盲道设计

结合人行道建设同步设置盲道。盲道宽度 0.3 m，选用 298 × 298 黄色盲道砖，行进盲道转折处设提示盲道。盲道应连续铺设，盲道距人行道界石 0.3 m，人行道上树坑、花坛及其他设施外边距盲道的最小距离 0.5 m。

3. 无障碍坡道

道路交叉口人行道在对应人行横道线的缘石部位设置无障碍坡道，坡道下口与车行道地面齐平。交叉口人行横道线贯通道路两侧，经过道路分隔带处压低分隔带高度，以满足轮椅车通行。在交叉口处设置提示盲道，提示盲道与人行道的行进盲道连接。

沿线单位出入口：车辆进出少、宽度小的，设置非下沉式出入口，行进盲道连续通过；车辆进出多、宽度大的，设置下沉式出入口，人行道在缘石处设1∶20单面坡道，并在坡道上口设置提示盲道。

四、路缘石、界石

路缘石、界石、平石及安全岛、导流岛路缘石等均推荐采用花岗岩材质，颜色及材质由建设单位及市场供应情况最终确定，缘石应石质一致，无裂纹和风化现象，外露面机切处理；石材强度标号不低于MU100。

（1）路缘石。车行道外设人行道的路段，路侧石采用100 cm×25 cm×35 cm型，埋深17 cm，外露18 cm。

（2）中分带路缘石。中央分隔带两侧设100 cm×20 cm×40 cm型路缘石，埋深15 cm，外露25 cm。

（3）界石。界石设置于人行道外侧，规格为80 cm×10 cm×15 cm，埋深10 cm；人行道外侧为商业网点区域时，人行道与商业网点铺装间界石尺寸为80 cm×10 cm×10 cm，外露5 cm。

（4）平石。平石设置于绿篱外侧，规格为80 cm×10 cm×10 cm，埋深10 cm。

道路平曲线、路口转弯以及中央隔离带开口等部位，路缘石应加工为曲线型，每段长度宜为50 cm。

五、其他附属设计

（1）钢筋混凝土挡墙。桥头引道、开口地道两侧等位置，根据工程需要设置钢筋混凝土挡墙。

（2）工程范围内因工程建设拆除的院墙根据需要进行原样恢复，设置样式原则上与原围墙一致，也可根据现状实际情况及建设单位意见进行调整，工程量按实计量。

（3）施工过程对商业网点庭前铺装、门口和场地硬化等产生的破坏，需按原状进行恢复，工程量按实计量。

六、新材料新技术

1.彩色沥青

彩色沥青混凝土路面是将脱色沥青与各种颜色石料、色料和添加剂等材料在特定的温度下混合搅拌，配制成各种色彩的沥青混合料，再经过摊铺、碾压形成具有一定强度和路用性能的彩色沥青混凝土路面。彩色沥青混凝土路面主要有热拌彩色沥青混凝土路面、温拌彩色沥青混凝土路面、冷拌彩色沥青混凝土路面、彩色沥青混凝土压痕路面4种类型。

该项目选用热拌彩色沥青混凝土路面。彩色沥青主要用于上面层，应用范围：① 隧道洞口内外各80 m范围。② 隧道内分合流点：合流点上游80 m+合流加速区、分流减速区+分流点下游80 m。彩色沥青混凝土颜色建议采用红色。

2.阻燃沥青

添加了阻燃剂之后的阻燃沥青，除了基本上保持原来基质沥青性能之外，还具有阻燃的性能，阻燃沥青制成混合料可运用于桥梁、隧道等防火要求高的路面。该项目隧道内沥青路面均使用阻燃沥青材料，作为隧道内安全防火的一项预防措施。

3.新型抗冰融雪填料

为解决冰雪时路面安全性降低、通行能力下降、除冰雪困难等问题，该项目隧道以外路段采用主动抗冰融雪新型沥青路面，用于隧道洞口、桥梁、路基段路面的铺装。

第五节　桥梁工程

一、工程概况

桥涵工程是本工程的重要组成部分，也是整个工程的关键工程。根据总体设计，桥梁工程内容包括以下内容。

（1）外环路大桥。主线 K3+060 ~ K3+210 桥梁采用双幅设置，为变宽桥梁，桥梁总长150 m；K3+210 ~ K3+420 桥梁采用单幅设置，为变宽桥梁，桥梁总长210 m。

（2）珠宋路大桥。K3+835 至 K4+195 桥梁采用单幅设置，为等宽桥梁，宽度为28 m，桥梁总长360 m，两侧顺接路基。

（3）崮山路桥。K9+620 至 K9+660 桥梁采用双幅设置，为等宽桥梁，宽度为 13.5 m，桥梁总长为 40 m，两侧侧与路基相接。

（4）柏果树河大桥。K9+740 至 K10+370 桥梁采用双幅设置，为变宽桥梁，桥梁总长为 630 m，两侧与路基相接。

星海滩路设置跨线桥，采用单幅设置，为等宽桥梁，宽度为 27 m，桥梁总长为 410 m，两侧与路基相接。全线标准段桥梁共有三种断面，宽度分别为 28 m、27 m、13.5 m。匝道桥梁桥面宽度为 12 m。主线桥梁总长为 1390 m，约占全线总长的 11.5%。

二、工程原则

（1）桥梁设计遵循安全、适用、经济、美观的原则。

（2）桥梁设计以不降低原有河道功能为原则，注重桥梁设计与交通规划、环境保护等相协调。跨河桥梁下部结构应尽量减小对水流的阻碍，满足河道防洪的要求，同时提高施工工艺，减少对河道的污染。

（3）广泛吸取国内外先进经验、先进技术，优先选用便于施工、维修、养护的结构型式。积极采用新技术、新结构、新材料和新工艺，尽可能减少工程量和造价。

（4）选用的结构和材料必须在施工、使用过程中具有符合要求的强度、刚度、稳定性和耐久性。

（5）坚持以人为本，在人性化基础上进行设计，体现城市品质。

（6）结构选型应注意空间的比例并与所处地区景观相协调，创造清新、明快、轻巧、时代感强的建筑型式；选用的桥梁下部结构宜简洁、挺拔，与上部结构浑然一体。

三、技术指标

1. 设计基准期

桥梁设计基准期为一百年。

2. 设计使用年限

桥梁设计使用年限为一百年。

3. 结构设计安全等级

桥梁结构安全等级为一级，重要性系数 1.1。

4. 设计荷载

公路一级。

5. 环境类别

下部结构：Ⅱ类环境；

上部结构：Ⅰ类环境。

6. 抗震设计标准

抗震设防标准：地震基本烈度为7度，地震动加速度峰值为0.1 g，抗震设防分类为乙类，抗震设防措施等级按8度设防。

7. 桥面防水等级

桥面防水等级：Ⅰ级。

8. 护栏防撞等级

外侧防撞体：SA；

中央分隔带：SAm。

9. 桥面宽度（沿桥梁纵轴线方向）

主线高架标准宽度为28 m，匝道标准宽度为12 m。

10. 桥梁横坡

除匝道接入处由竖向设计确定及小半径曲线段设超高外，立交主线高架横向均为双面坡，匝道桥横向均为单面坡，坡度为±2%。

11. 建筑限界

主线及匝道限界高度：不小于5 m；

地面道路净空：不小于5 m。

四、桥梁总体设计

1. 材料选择

钢结构桥梁施工速度快，受地形影响较小，跨越能力强，但造价是预应力混凝土结构桥梁的两倍，且养护费用高。钢-混组合结构桥梁受地形影响较小，跨越能力强，但施工工序多、施工复杂、养护费用较高；预应力混凝土结构施工方便、造价低廉、可塑性好、养护维修方便，但跨越能力一般，受地形影响较大。

综合考虑本工程桥梁跨径均在预应力混凝土结构经济跨径内，本着经济、美观、协调统一的原则，桥梁结构可以优先选用预应力混凝土结构，节点桥采用钢-混组合结构。

2. 桥梁桥型方案选择

随着社会经济的发展，近几年我国的桥梁设计发展较为迅速，许多"新、特、怪"的桥型层出不穷。如何在满足功能、结构合理、造价可控、可实施性的前提下，构造出比较经济、实用的桥型是本次方案设计的重点。

按照受力体系分类，桥梁有梁、索、拱三大基本体系，其中梁桥以受弯为主，索桥以受拉为主，拱桥以受压为主。另外，由上述三大基本体系的相互组合，派生出了一些在受力上也具有组合特征的桥梁体系。

（1）梁桥体系。该类桥型主要包括简支梁桥、连续梁桥和刚构桥梁。梁桥体系是一种比较常规、技术成熟、也较为经济合理的桥型，设计和施工均有很成熟的经验。作为传统的桥型，连续梁桥有着简洁大方的外观效果，此种桥型在工程中应用较为广泛，适用性较强且施工快捷方便。

（2）拉索体系。拉索体系桥梁主要包括斜拉桥、悬索桥等。斜拉桥和悬索桥作为缆索支承体系桥梁，跨度适应范围多集中在200 m到1 200 m间的大跨结构。除了结构上的适宜性外，景观上拉索体系桥梁大多以桥塔高耸、挺拔，气势宏伟而著称，多需要大型水面或深谷山涧等特殊地形配合。

在城市桥梁设计中，中小跨径桥梁中运用缆索体系结构是为了丰富城市景观桥梁的类型，但工程造价相对较高。

（3）拱桥体系。拱桥体系桥梁包括下承式拱桥，中承式拱桥和上承式拱桥设计。拱结构体形柔和，尤其对于中、下承式结构，桥面以上结构建筑效果明显。拱结构桥梁应用跨径范围较广，结构外形可以多变。从"布置协调、受力合理、造型美观"的角度来看，拱桥主要以拱的弧线跨越，给人以流动的韵律感。但拱桥同样需要大型水面或深谷山涧等周围环境的配合，才能更好地凸显其结构特点。

（4）组合体系。采用多种体系相结合。从结构形式上，采用两种桥型相互协作往往互相间有许多优势互补；目前国外采用两种乃至多种体系相协作的实例较多，如斜拉桥与连续梁桥协作，斜拉桥与拱桥协作，悬索桥与斜拉桥协作等，不仅可以解决结构需要，同时可以丰富桥梁本身的景观。从总体规划情况来看，其绿化带的设置面积较多，桥梁结构可以考虑将车行桥与非机动车道分开设计，将承受荷载较大的车行道以连续梁、简支梁等比较常规的桥型进行设计，在承受荷载较小的非机动车道、人行道上做景观桥梁也是一种非常巧妙的思路。这样，既满足了景观的需要，又可以大幅度节约工程造价，减小工程结构的实现难度。

基于本工程为城市公路高架桥梁的特性，按照投资经济、设计实用的设计思路，选择梁桥体系为实施体系。

3. 分幅设置

本工程桥梁均为双向多车道，外环路标准段桥梁最大宽度达到45 m，需要分幅设置，主要原因有以下三点。

（1）从受力角度考虑。若采用整幅桥设计，则桥梁宽跨比达1.5，横向受力复杂，裂缝极易发生和开展，会影响其使用效果和寿命。

（2）从景观角度考虑。通过对国内多个项目考察，桥梁幅宽较大时，桥下采光差，对地面辅路上通行的人有压抑感；桥梁宽跨比大于1.0时，比例不协调，景观效果欠佳。

综上所述，从布墩要求、受力及景观需求等方面考虑，上下行分别设桥，能够使结构受力明晰，施工和裂缝易于控制，温度及收缩裂缝较小，故此范围桥梁均采用 2×22.5 m分幅结构。桥梁宽度小于35 m均采用整幅方案。

4.桥梁跨径的选用

桥梁跨径的选择直接影响整个桥梁工程的经济、美观及与周边环境的和谐统一。跨径的布设包括标准段和交叉路口两部分，主要考虑四方面因素：一是安全可靠；二是桥梁美学；三是施工方便；四是桥跨过渡自然、圆顺。

从经济方面出发，可采用中小跨径，但较小的跨径必然造成梁体单薄，墩柱如林，协调性差，立交处更显杂乱，桥下视野狭窄，梁与柱及桥与周边环境比例失调。同时，对于预制构件，需考虑运输及吊装条件，构件太长或太重均可能会成为工程建设的控制性因素。因此，桥梁跨径的选用不仅要考虑其经济性，而且要注重其交通功能、景观效应、场地条件以及施工能力。

（1）标准路段桥梁基本跨径。目前，从已建成的穿越城市高架桥看，桥梁跨径大多在30米左右。考虑到现场架设条件以及桥梁的景观效果，通过对25 m、30 m、35 m三种跨径的连续梁进行分析比较，如表4.4所示。

表4.4　标准梁跨径表

项目	25 m	30 m	35 m
结构梁高	1.4 m，纤薄	1.6 m，合适	1.8 m，合适
与桥下净空的比例	$1/3 \sim 1.7$，桥高大于10 m时比例偏小	$1/3.8 \sim 1/2$，较为合适	$1/4.0 \sim 1/2.3$，较为合适
与路口段的适应性	跨径偏小	较为合适	较为合适
与桥宽的比例	$1:1$，偏小	较为合适	较为合适
吊装设备要求和施工难度	较低（90 t）	较为合适（120 t）	较高（160 t）
墩柱体量和数量	桥墩数量多	桥墩数量较多	桥墩数量较少
经济性	下部结构比重偏大（1.1）	较为经济（1.0）	上部结构比重较大（1.05）

综上所述，考虑到施工方便、经济性、交通功能及景观效果，新建高架桥跨径推荐采用主跨30 m。

（2）交叉路口的桥梁跨径。高架桥与珠宋路、崮山路、规划外环路等道路交叉，桥梁跨径的选择既要满足交通的需要，方便地面车辆行驶，又要与路段桥梁跨径相协调，避免桥梁结构高度突然变化，引起视觉跳跃，丧失连续流畅感。

根据各交叉路口交通组织设计，满足其使用功能，同时基本保证除个别大跨外全线梁高相同，减少突变，体现桥梁整体美感。结合现状道路宽度及规划道路红线宽度，在满足道路净空、预留道路后期拓宽条件的前提下，确定高架桥跨主要路口的跨径。

节点桥可根据桥梁结构型式采用现浇法施工或现场拼接法施工。

（3）匝道桥的基本跨径。匝道桥多为曲线梁，由于存在较大的偏心、扭转及离心力的作用，限制了桥梁跨径，因此一般曲线桥的跨径都较小，而较小的跨径会造成墩柱多，与高架桥墩柱不对应，尤其是立交处，效果更差。从总体布置看，匝道桥曲线半径较小，参考曲梁设计经验和施工能力，为满足交通功能要求，匝道采用预应力混凝土结构，基本跨径为30 m。

五、桥梁上部选型方案、经济比选

结合国内外城市桥梁发展情况，当前用于城市高架和立交的桥梁型式基本为中、小跨径的简支体系和连续体系等。本工程结合预制、现浇两种施工方式，对预制简支体系、现浇连续体系方案分别进行研究，并进行方案比选。

1. 预制简支体系方案

简支体系上部结构采用预制梁，施工采用预制吊装或架桥机架设方式，下部结构采用带盖梁的墩柱结构。

优点：① 上部结构采用预制梁，工厂化生产，现场拼装，工期较短。② 施工场地少，对现场地面交通干扰小。③ 减少支架基础处理环节。④ 工厂化流水作业，工程质量容易控制，外观质量好。⑤ 绿色环保。

缺点：① 简支体系需要较大的明盖梁，桥下净空小；沿桥纵轴线方向，桥梁的连续韵律被盖梁阻隔，视觉压抑。② 预制梁底线条较杂乱，影响整体美感。③ 整体受力性能较差。④ 受异型结构影响，严重降低预制效率，增加预制成本，对运输、吊装等环节的不利影响也较大。

2. 现浇连续体系方案

现浇连续体系上部结构采用现浇后张预应力连续梁和小半径匝道部分的普通钢筋

混凝土连续梁，下部结构采用柱式桥墩。结合嘉陵江路工程弯、坡、斜、异型展宽桥组合的特点及现场条件，现浇施工宜采用满堂支架就地浇筑施工法。

优点：① 可塑性强，能够较好地适应本工程弯、坡、斜、异型展宽桥的不同要求，且可以保证结构的统一协调。② 形态简洁、悬臂较大、曲线柔顺，加大了顺桥向桥下净空，给人提供了良好的桥下空间，时代感强。③ 连续体系整体性强，受力好，抗震能力强。④ 变形小，伸缩缝少，行车平顺舒适。⑤ 耐久性好，养护工程量小。

缺点：① 施工工期较长。② 现场场地要求较高，对交通影响较大。

桥梁为道路空间构筑物，而上部结构作为空间构筑物中的空间线型结构，从道路使用者第一视角分析，其外形视觉影响相对于下部结构较小。同时，由其结构受力特点决定了其断面形式可塑性相对较差。因此，上部结构断面形式的选择应本着经济、实用、结构安全、施工快速、美观的原则。

上部结构断面型式的选用直接影响到整体建筑效果和立交的完整性，在保证结构受力的前提下，满足工程学与桥梁美学的需求，结合目前城市高架桥梁发展趋势，针对本工程特点，对预制装配式结构及现浇大箱梁结构进行方案比选。

3. 预制装配式结构

（1）预制小箱梁。

优点：受力清晰，设计、施工工艺成熟。采用分片预制，可以采用小型架桥机桥上运架，也可采用桥下运输、整孔吊装的架设方法，运架方式灵活。规模化施工，便于运输与吊装，上下部结构同时进行，速度较快，对桥下环境影响较小。

缺点：单片箱形梁的安装重量较大，结构整体刚度较弱，行车动力条件稍差。与大跨度桥梁衔接时需转换梁型，结构衔接景观效果差。施工中桥梁架设完毕后，需部分现浇桥面板。

图4.5　预制小箱梁断面图

（2）预制T梁。

优点：受力清晰，设计、施工工艺成熟。采用分片预制，对吊装设备起吊能力要求低，可以采用小型架桥机桥上运架，也可采用桥下运输、整孔吊装的架设方法，运架方式灵活。规模化施工，便于运输与吊装，上下部结构同时进行，速度较快，对桥下环境影响较小。

缺点：结构高度大，景观效果差。结构整体刚度较弱，行车动力条件稍差。与大跨度桥梁衔接时需转换梁型，结构衔接景观效果差。施工中桥梁架设完毕后，需部分现浇桥面板。

图4.6 预制T梁断面图

（3）预制空心板梁。

优点：受力清晰，设计、施工工艺成熟。采用分片预制，对吊装设备起吊能力要求低，可以采用桥下运输、整片吊装的架设方法，运架方式灵活。规模化施工，便于运输与吊装，上下部结构同时进行，速度较快，对桥下环境影响较小。

缺点：桥梁跨越能力差，一般不超过20 m，结构整体刚度较弱，行车动力条件差。铰缝容易破坏，结构耐久性差。与大跨度桥梁衔接时需转换梁型，结构衔接景观效果差。

图4.7 预制空心板断面图

（4）节段拼装大箱梁。

优点：采用3 m～5 m节段预制，节段间采用干接工艺，梁体节段间设置抗剪键，对吊装设备起吊能力要求低，可以采用桥下运输、架桥机架设方法，运输方式灵活。规模化施工，便于运输与吊装，桥梁造型美观。

缺点：桥梁分段较多，施工速度慢，造价相对较高，施工控制较复杂。

图4.8　节段拼装大箱梁

（5）预制装配式梁型比选。

对以上四个方案在景观效果、施工影响、施工速度、施工难度、结构耐久性、行车舒适性、后期养护量、造价等方面进行比较，如表4.5所示。

表 4.5　梁型景观效果比较表

序号	要素	预制小箱梁	预制T梁	预制空心板	节段拼装大箱梁
1	景观效果	较好	较差	较差	好
2	施工影响	较小	较小	较小	较小
3	施工速度	较快	较快	较快	较慢
4	施工难度	较易	容易	容易	困难
5	结构耐久性	好	较差	较差	较好
6	行车舒适性	好	较差	较差	好
7	后期养护量	小	较小	较小	较小
8	相对造价	一般	低	低	高
9	综合比选	好	差	差	差

经综合比选，预制拼装方案中宜采用小箱梁方案。

4.现浇大箱梁

现浇梁外形美观，孔跨布置灵活，能较好地满足桥梁跨越相交路口和管线的需求，也是目前高架桥用的最为广泛的一种桥梁形式。连续大箱梁结构采用单箱多室断面，整体性能好，抗扭刚度大，能适应各种平面线形和桥宽的变化，跨越能力也较大，一般支架浇筑跨径在25～60 m，可较好满足一般城市高架路的使用要求。本工程大箱梁结构共考虑两种断面型式。

（1）大悬臂结构。

鉴于全线桥梁宽度较宽，考虑桥宽与下部墩柱间距的比例应均匀、协调，采用现浇大悬臂预应力箱梁，上部结构采用单箱多室箱梁，设计悬臂长度3.5～5 m，横向采用预应力结构型式。悬臂腋角和梁底转角处采用小半径圆角过渡，使得梁体棱角分明，刚劲有力。

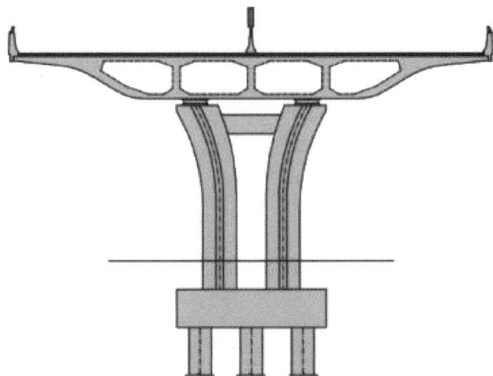

图4.9　大悬臂横断面图一

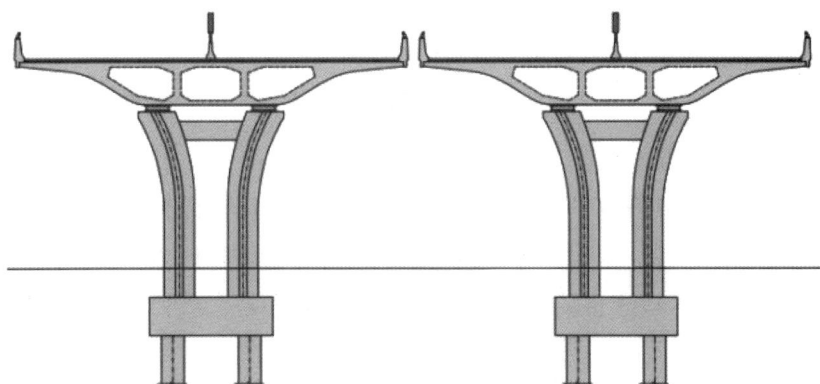

图4.10　大悬臂横断面图二

（2）流线型结构。

上部结构采用单箱多室预应力混凝土箱梁，其悬臂长度同一般悬臂结构；边腹板倾斜较大，该处又称挑臂；梁的侧面为直线与曲线结合的流线型；上部结构采用单箱多室箱梁。边腹板、底板及悬臂由短直线及大半径曲线段组合形成一整体流线型。由于边腹板倾斜角大，结构受力较复杂，顶板拉力大，横桥向需采用预应力结构型式，以避免裂缝的产生和发展。

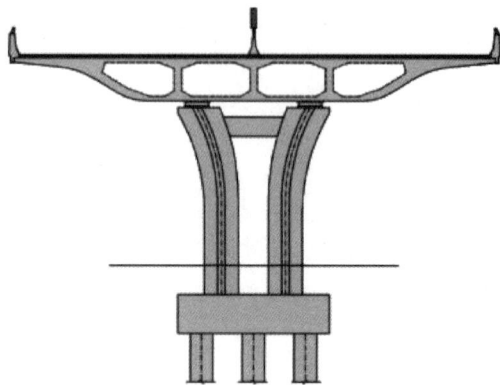

图4.11　流线型断面图一

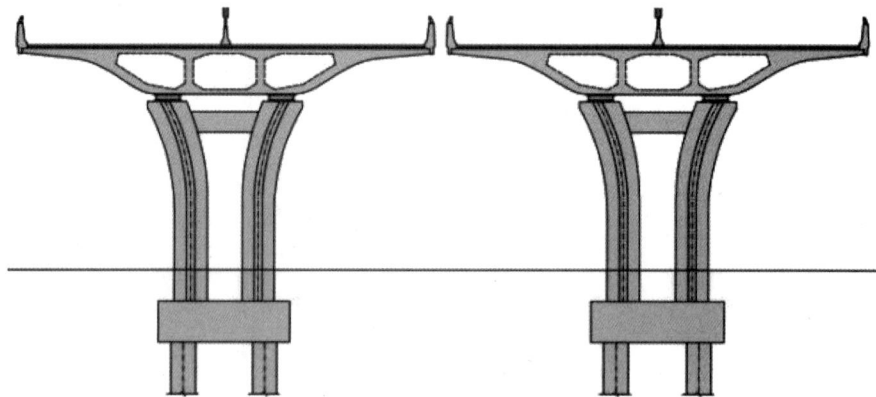

图4.12　流线型断面图二

5. 上部结构断面型式推荐方案

上部结构断面型式比选主要考虑桥与桥、桥与环境的协调、施工难易程度、造价、施工周期、适用性、耐久性等方面因素。现浇桥梁结构以30~40 m跨径为主，预制装配式结构以25~35 m跨径为主。下面对预制与现浇两种结构形式进行比较，如表4.6所示。

表 4.6　桥梁结构形式综合比选表

结构体系 项目	30 m 预制小箱梁	30 m 现浇连续箱梁
技术指标	较省	较高
施工方法对交通的影响程度	小	大
施工速度	快	慢
施工难易与复杂程度	易	较易
结构性能	较好	好
行车条件	较好	好
建安费	较高	较低
景观效果	较好	好
工期	短	长

　　在城市环境中，预应力混凝土连续箱梁结构整体性好，行车舒适度高，常用的施工方法为支架现浇法，即在桥梁投影范围内搭设满堂支架，因此施工占地面积大，对地面交通干扰大，人员劳动强度大，同时该方案施工工期较长。

　　桥梁预制施工属于低碳环保的施工工艺，在世界上已有较为广泛的使用，是城市桥梁建设的发展趋势，具体优势表现在对地面交通影响较小；现场无大规模支架现浇作业，风险低、污染少、噪声小；预制梁工厂化生产，施工质量好；集约化的生产更符合节能减排要求。预制小箱梁施工便捷，上部梁的预制可以和下部结构的施工同时进行，对现状交通影响较小，外观效果较好，施工工期短。预制小箱梁结构简单，采用工厂化预制，安装完成后现浇湿接缝，形成整体桥面，结构刚度较大，抗扭性能较好，适应跨径较大（常用25 m～35 m），梁高适中。考虑工厂预制、运输、安装设备等各道工序，其预制梁重量可以控制在200 t以内。

　　考虑工程所在位置为城市中心，车流量大，交通调流要求高，需尽量缩短桥梁施工工期，同时控制施工质量，减少其对环境的影响，故推荐高架桥采用预制小箱梁方案。本工程主线除跨线桥外均采用预制混凝土小箱梁结构，匝道曲区段采用现浇预应力混凝土箱梁，柏果树河桥梁跨河段采用预应力混凝土箱梁。

　　6.预制小箱梁桥面结构连续方案比选

　　预制小箱梁结构，其结构体系一般包括结构简支、桥面连续结构和先简支后连续结构两种。

（1）结构简支、桥面连续结构。结构简支、桥面连续结构，在将工厂预制的小箱梁运达现场后，直接架设在桥墩盖梁上，小箱梁之间的桥面通过连续构造连接。

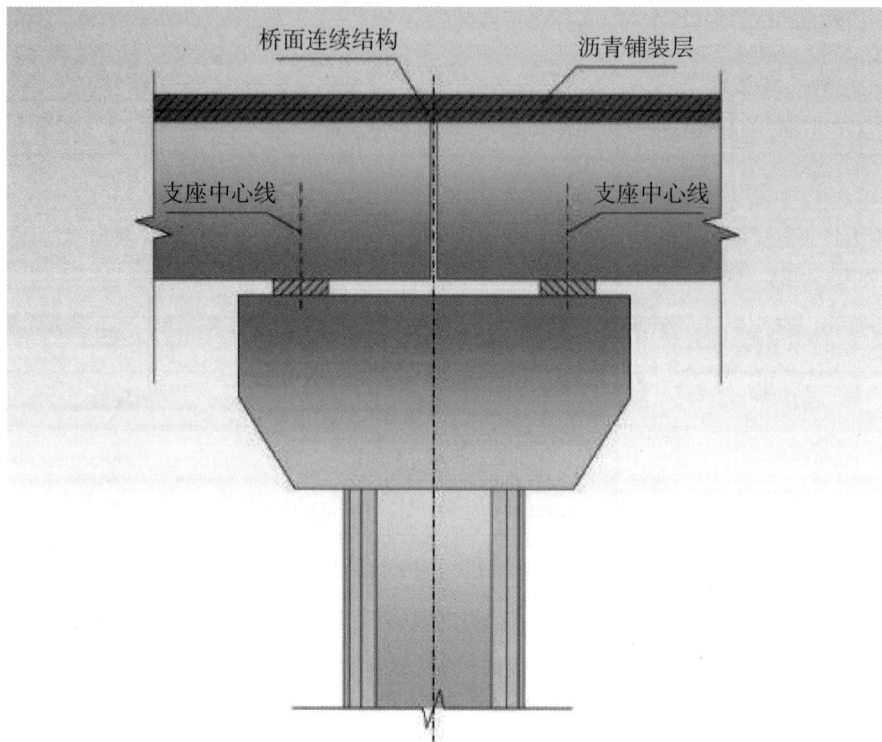

图4.13　结构简支、桥面连续构造

（2）先简支后连续结构。目前简支变连续结构在由简支转变为连续时，按照连接方式的不同可以分为两类，第一类是使用张拉预应力短束进行连接（更好的耐久性），第二类是使用普通钢筋进行连接（更方便施工，更节约时间），这两种方法均能设计满足规范需求，各有优缺点，且均有实施先例。经过分析对比，考虑到使用预应力连接结构将具有更好的耐久性，故主要采取预应力连接方式。其施工方法为：先施工各个墩位立柱顶的盖梁，架设完小箱梁后，现浇盖梁上预制小箱梁间的负弯矩段混凝土，形成连续结构。

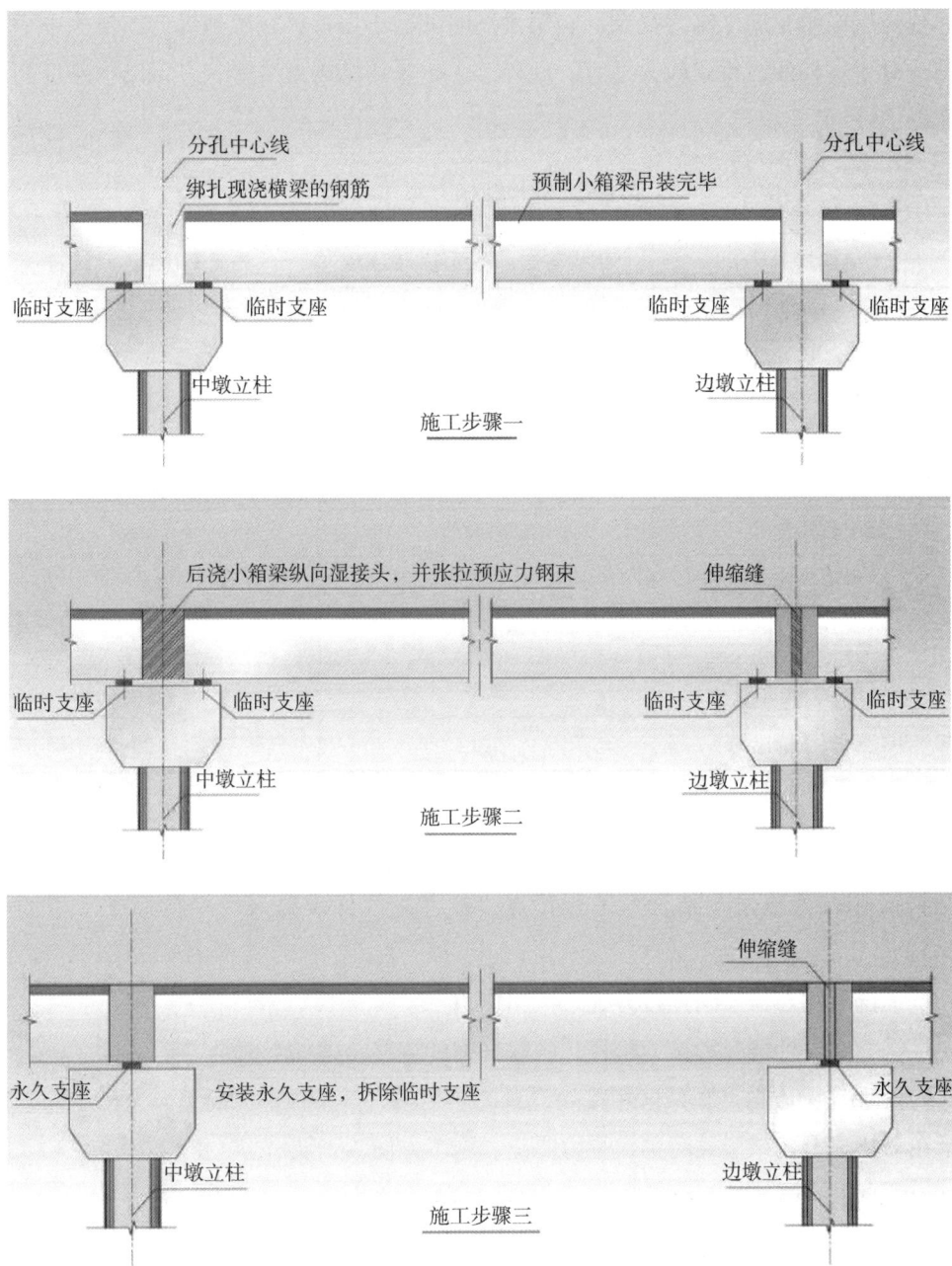

图4.14　先简支后连续小箱梁施工顺序示意图

（3）小箱梁两种结构连续方案的比较。结构简支、桥面连续结构：造价较低、施工简便迅速、步骤少。但由于该结构为简支结构，刚度较小，梁端转角较大，在桥面连续处采用连续缝构造，桥面连续处容易损坏，行车舒适性一般。

先简支、后连续结构：造价稍高，施工中须设置临时支座，张拉墩顶预应力钢束，现浇端横梁，施工略为复杂。箱梁预制时的微小偏差可在墩顶纵向湿接头中一并调整，对于宽幅曲线桥梁较为适宜。此外，由于采用结构连续形式，该结构刚度高，行车舒适性好。

表 4.7　两种结构方案比较表

结构体系	结构简支、桥面连续结构	先简支、后连续结构
受力性能	☆☆☆☆	☆☆☆☆☆
结构耐久性	☆☆☆	☆☆☆☆☆
施工速度	☆☆☆☆☆	☆☆☆☆
支架要求	☆☆☆	☆☆☆
施工精度要求	☆☆☆☆☆	☆☆☆
桥梁景观	☆☆☆☆	☆☆☆☆
行车舒适性	☆☆☆	☆☆☆☆☆
应用普遍性	较多	多
单位面积造价比例	1.0	1.05

通过上述比较，两种结构方案各有优缺点，都有其适用条件。先简支、后连续结构对支点顶部钢束施工要求较高，施工质量不易控制，而结构简支、桥面连续结构应用较为普遍。结合本工程特点，推荐主线标准跨采用结构简支、桥面连续结构。

7. 上部结构与盖梁间连接方式

根据方案设计情况和推荐跨径，各联之间的连接考虑如下两个方案。

（1）明盖梁方案。在两联相接处设置为明盖梁，盖梁顶部无高差，上部结构分别支承在盖梁顶上，该型式简单，受力明确，施工方便，工期短。

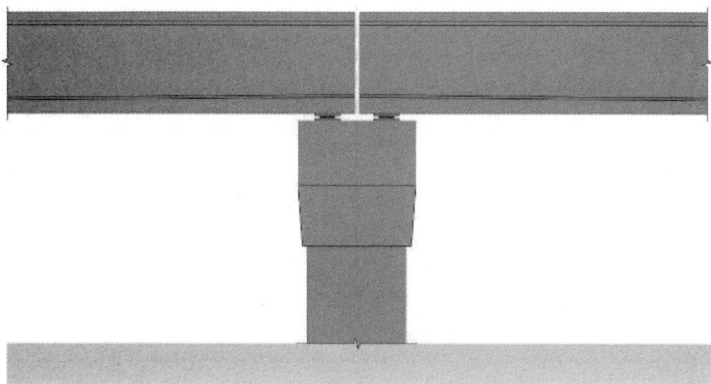

图4.15　明盖梁方案示意图

（2）暗盖梁方案。城市环境对高架桥的景观效果要求较高，为降低盖梁高度带来的视觉冲击，设计采用牛腿搭接的方式对盖梁进行部分遮挡，能起到一定的弱化效果。

两联相接处上部梁体设置牛腿结构，搁置于盖梁顶。这种型式断面削弱大、受力集中、处理复杂、施工难度大、工期较长，但可以有效降低桥梁高度，对桥面标高受限处可以采用此方案。

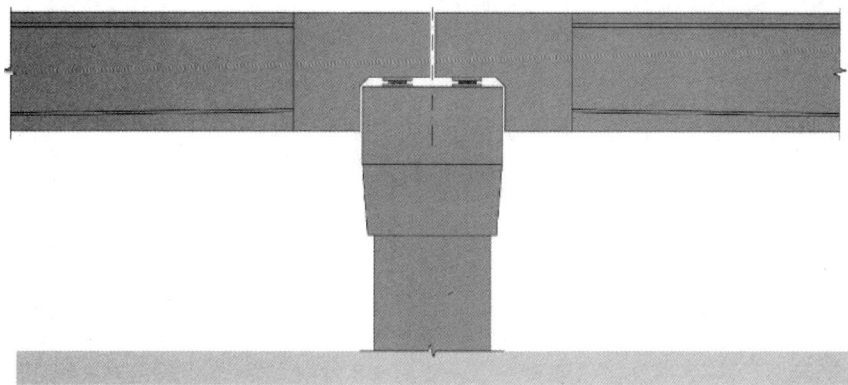

图4.16　暗盖梁方案示意图

由于高架桥穿越城区，对景观效果要求较高，采用暗盖梁方案。

8. 小箱梁造型比选

传统小箱梁方案，结构线条以直线为主，折角较多。该方案的优点是造型简洁，模板加工制作简单，施工方便。其缺点是线条生硬锐利，冲击力强，略显笨重、压抑；形式简单，缺少变化，景观效果欠佳。

图 4.17　斜腹板小箱梁

图 4.18　直腹板小箱梁

该项目桥梁设计主题是"乘风、破浪""包容、承载"，围绕这两个主题对传统的小箱梁进行优化，使得整体结构能够展现青岛的城市气质及特色，体现青岛市开放创新、包容宜居的城市定位。

图 4.19　波浪造型小箱梁

嘉陵江路项目周边居民及商户密集，该项目作为一条交通疏解快速通道，对景观的要求较高，因此推荐波浪造型的预制小箱梁方案作为设计方案。其设计寓意以青岛市最典型的城市特色海浪为基底，采用流畅、圆润的处理方式，使简洁明了的结构兼具动感、时尚、富有弹性的美感。体现了青岛的地域特色，表达了乘风破浪、不负重托的决心，同时寄托了青岛人民共创美好未来的愿望。该方案结构简洁明了但不单调；采用动感、流畅且富于变化的线形，展现了柔和、优雅而富有弹性的美感；缺点是结构造型略微复杂、施工相对困难。

9. 小箱梁方案设计

该项目小箱梁梁高 1.6 m，跨中腹板及顶底板厚度均为 20 cm；支点处腹板厚度为 32 cm，顶板厚度 20 cm，底板厚度 32 cm。

由于小箱梁片数多会影响桥梁景观，为了增加梁底通透性，推荐采用宽幅小箱梁结构形式，26 m 标准段横桥向布置 5 片梁。

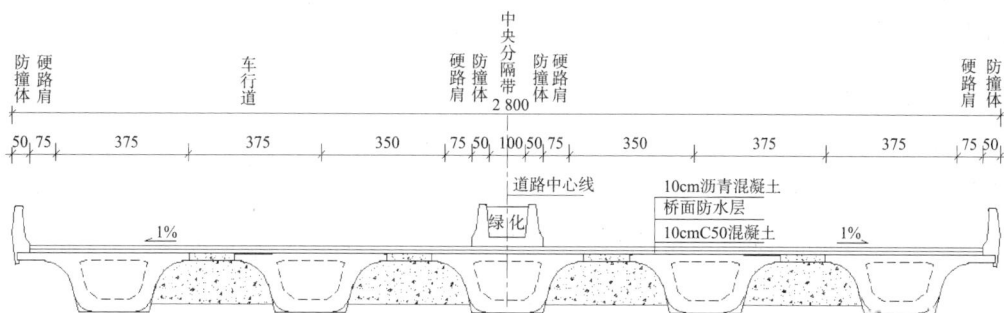

图 4.20　28 m 断面标准横断面图（单位：cm）

10. 交叉口钢混组合梁设计

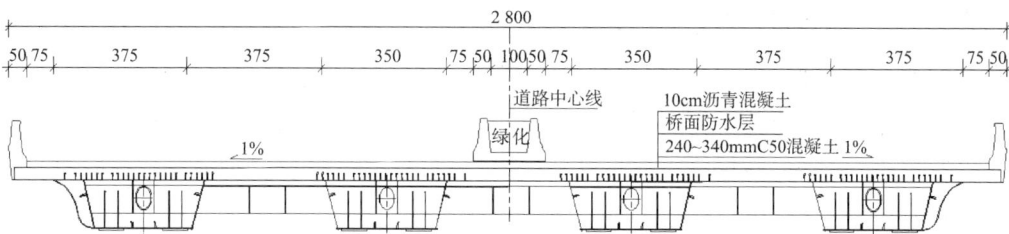

图 4.21　主线钢混组合梁横断面图（单位：cm）

桥面横坡均采用保持断面高度不变、调整腹板高度而形成，梁底支承处为水平面，以保证支承面的水平。50 m 跨径梁高为 2.4 m，桥梁每联的两端设有伸缩缝，箱梁顶铺设桥面板和桥面铺装，上部结构总高度 2.5 m（包括箱梁、桥面板和桥面铺装）。

11. 预应力混凝土连续箱梁结构

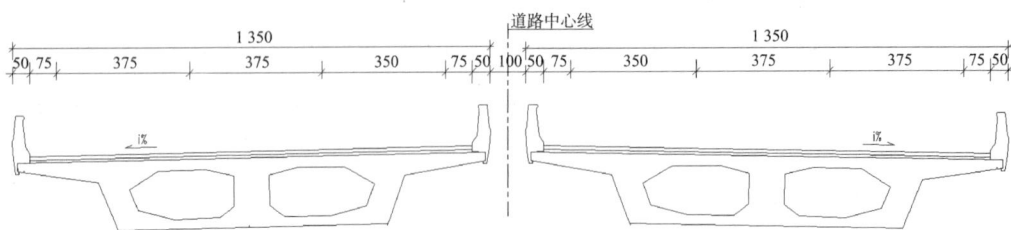

图4.22　匝道桥梁横断面图（单位：cm）

桥面横坡均采用保持断面高度不变，调整顶、底板坡度而形成，在梁底支承处设有楔角，以保证支承面的水平。梁高均为2 m，桥梁每联的两端设有伸缩缝，箱梁顶铺设桥面板和桥面铺装，上部结构总高度2.2 m（包括箱梁和桥面铺装）。另外，分别于悬臂腋角处和底板转角处设置圆弧倒角，倒角大小考虑保证美观、构造上边腹板纵向预应力钢束的布置等因素，倒角半径分别为1.0 m、0.3 m。

箱梁腹板采用斜腹板，考虑满足支座的布置以及箱梁外形美观的需要，腹板的倾斜度为1：2.5，同时斜置腹板可减少迎阳面，有利于减小温度应力。

对于箱梁细部结构尺寸的控制，其中箱梁顶板、底板的厚度的确定，要考虑受力需要，厚度分别为0.24 m、0.2 m，另外在支点处对腹板和底板进行加厚，加厚段长度均为6 m。其中，边腹板加厚至0.7 m，中腹板加厚至1 m，底板加厚至0.4 m，提供较大的受压面，降低受压区高度，减少配筋量，同时为预应力钢束锚固提供空间。在顶、底板与腹板交接处分别设置腋角，提高截面的抗扭刚度和抗弯刚度；对于顶板，可满足纵向钢束布置要求，对顶板受力较为有利；对于底板，可加大腹板的刚度，为梁底预应力筋的锚固提供空间。

箱梁预应力钢束的布置方式根据桥梁的结构体系、受力情况、构造形式以及施工方法等确定。其中，腹板钢束的布置，在中腹板中，考虑结构受力需要、预应力的摩阻损失等因素，采用连续曲束和断续曲束结合的布束形式，张拉槽口设置于箱梁的顶底面；顶底板钢束布置于腹板两侧的顶底板内，箱梁上下翼缘有效宽度范围内，与腹板钢束共同承受桥梁纵向荷载；横梁钢束布置于支点横梁内，以承担支反力的作用。

六、桥梁下部结构型式

1. 下部结构方案

桥墩是城市桥梁的重要景观元素。桥墩造型宜稳重、大方、挺拔、通透，与上部结构协调一致，并与周围环境相融洽。

　　桥梁下部结构主要分为桥墩、桥台及基础。桥墩指多跨桥梁的中间支承结构物，除承受上部结构的荷载外，还要承受流水压力、风力以及汽车撞击作用。桥台一般设置在桥梁两端，除了支承桥跨结构之外还是衔接两岸接线路堤的构筑物，作为挡土护岸，承受台背填土及台后车辆荷载作用。此外，桥梁墩台还要承受施工时的临时荷载，因此桥梁墩台不仅本身应具有足够的强度、刚度和稳定性，而且对地基承载能力、沉降量、地基与基础之间的摩阻力等也提出了一定要求，以避免在荷载作用下有过大的水平位移、转动或者沉降发生。因此，桥梁下部结构设计与结构受力、土质构造、地质条件、道路以下埋置深度密切相关。

　　确定桥梁的下部结构应遵循满足交通要求、安全耐久、造价低、维修养护少、施工方便、工期短、与周围环境协调和造型美观等原则。在桥梁总体设计中，下部结构的选型对整个设计方案有较大影响。合理的选型需使得上、下部结构的造型协调一致，轻巧美观。

　　该项目属于穿越城市桥梁，下部结构选型上更应该注意以下几点：首先，从整体造型着眼，力求型式优美、构造轻盈、线条明快、纹理有质；其次，各部分的形状尺寸要符合桥体结构受力的规律，结构匀称，比例适度，给人以稳重安全的感觉；最后，要与周边环境、文化、习俗相协调，使其色彩和谐，开阔明朗，令人舒适。

　　根据以上墩型设计理念及原则，结合近几年城市桥梁建设的发展趋势以及青岛的义化氛围，考虑墩梁的协调匹配和适用性，以 28 m 标准断面为例，设计构思了以下 6 种桥墩方案。

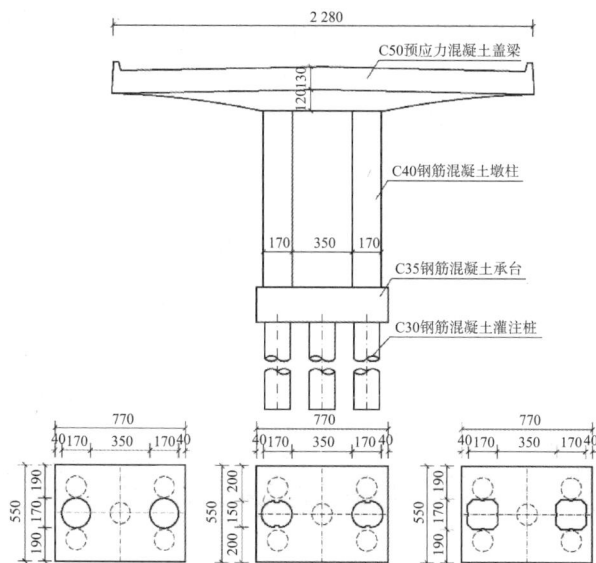

图 4.23　圆形、圆端形、八角形截面 π 型墩（单位：cm）

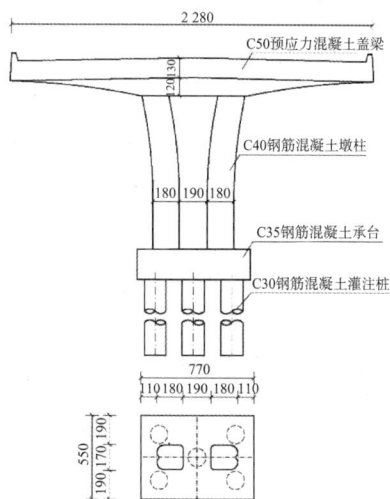

图 4.24　Y 形构造 π 型墩（单位：cm）

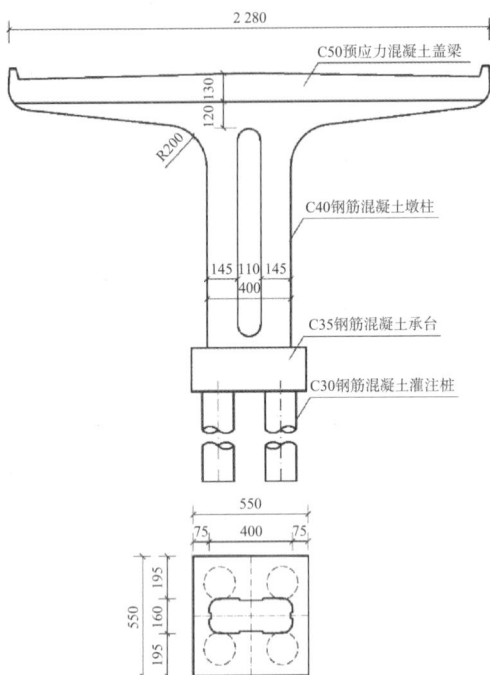

图4.25 矩形独柱T型墩（单位：cm）

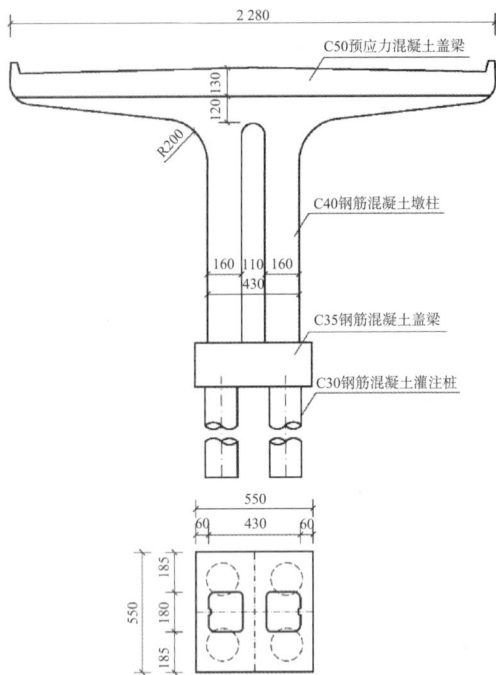

图4.26 矩形镂空T型墩（单位：cm）

图4.27 圆形截面π型墩（比选方案）

图4.28 圆端形截面π型墩（比选方案）

图4.29 八角形截面π型墩（比选方案）

图4.30 Y形截面π型墩（比选方案）

图 4.31　矩形独柱 T 型墩（比选方案）

图 4.32　矩形镂空 T 型墩（推荐方案）

该项目可采用圆形截面 π 型墩、圆端形截面 π 型墩、八角形截面 π 型墩、Y 型截面 π 型墩、矩形独柱 T 型墩及矩形镂空 T 型墩等形式。下部结构型式的选择主要从外观形态、截面适应性、方向适应性、与上部匹配性、周边工程协调性、施工难度等方面进行综合比选。

表 4.8　下部结构型式综合比选

技术指标	π 型墩				T 型墩	
	方案一：圆形截面	方案二：圆端形截面	方案三：八角形截面	方案四：Y 形截面	方案五：矩形独柱	方案六：矩形双柱
外观形态	缺乏变化、景观效果较差	与圆形截面差别不大	棱角分明，视觉强硬，缺少柔和的美感，与上部箱梁造型不匹配	挺拔舒展、景观效果较好	线条柔和流畅、轻松优雅，曲线设计与上部结构协调一致，景观表达统一	曲线设计与上部结构协调一致，景观表达统一，下部空间通透感强
占地面积	大	大	大	大	小	较小
多视角适应性	多视角各向同性较差	多视角各向同性较差	多视角各向同性差	多视角各向同性差	多视角各向同性较好	多视角各向同性好
力学特性	受力明确、合理，基础尺寸较大	受力明确、合理，基础尺寸较大	受力明确、合理，基础尺寸较大	曲线线形，受力略复杂，基础尺寸较大	受力明确、合理，但材料损失较大，基础尺寸较小	受力明确、合理，基础尺寸较小

技术指标	π型墩				T型墩	
	方案一：圆形截面	方案二：圆端形截面	方案三：八角形截面	方案四：Y形截面	方案五：矩形独柱	方案六：矩形双柱
经济性	较好	较好	较好	一般	高	好
施工便捷	柱形简单、施工简便	柱形简单、施工简便	柱形简单、施工简便	柱形曲线，预制施工难度稍大。	单柱节段吊装重量大，与施工机械要求较高	线形变化较多，细节处理复杂，与盖梁相接处模板复杂，施工难度较大

考虑与小箱梁的整体景观效果、施工速度、施工便捷性、造价等方面进行综合比较，推荐矩形镂空T型墩为推荐方案。

建成后标准段效果图如图4.33所示。

图4.33　28 m断面总体效果图

2. 下部结构总体设计

28 m标准断面桥墩采用预应力混凝土π形墩柱，立柱尺寸为1.6 m×1.8 m，双柱横桥向总宽4.3 m。其盖梁宽2.4 m，端部高1.3 m，根部高2.5 m。立柱侧边设15 cm深矩形槽带，用于放置泄水管。基础采用钢筋混凝土钻孔灌注桩，承台尺寸为5.5 m×5.5 m×2.0 m，4根桩基直径1.5 m。桩基按嵌岩桩设计，嵌入中风化安山岩不小于1倍桩径。局部路段基岩埋深较浅，基础采用扩大基础。

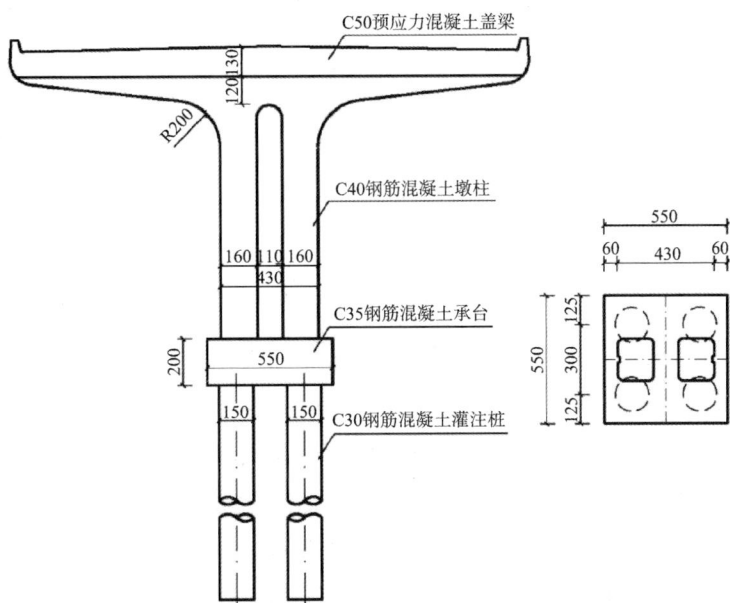

图4.34　28 m断面桥梁下部结构构造图（单位：cm）

七、柏果树河桥设计

基于河流及水工结构物相互作用的复杂性与多变性，简单的数值计算，如一维水面曲线推求和能量方程的分段求和计算，已无法满足河流工程的精度要求；同时，也无法模拟出复杂环境下的水流、泥沙运动特征，故开展二维或三维水动力数值模拟和泥沙数值模拟研究就成为工程技术人员的首选检验手段。

数学模型具有一定的优势，它适合于大尺度、复杂水域的数值计算，不需要昂贵的结构物模型、场地和试验设备；它具有灵活性，易于修改，便于维持和扩充，不受模型比尺的影响；只要借助大型计算机和计算机工作站，就能在较短时间内（依据计算机运行速度确定计算时间，其中大型计算机或工作站计算速度快，但收费高）计算出各种数据，获得初步成果，并能分析出各种工程方案的大致优缺点与可行性，适合较短时间内出成果或需要尽快确定工程方案的应急检验或评价等工况。

柏果树河桥跨越现状柏果树河，桥梁与现状河道斜角角度较小，故需进行水动力模型计算。

根据设计水面线成果，因为预制小箱梁需设置盖梁对河流阻水影响较大，所以该区段桥梁采用现浇预应力混凝土结构，增大跨径，本段跨径采用35+40+35 m，减少墩柱，增大过流宽度。此外，考虑矩形桥墩对河道水流影响，本段墩柱采用圆形桥墩。

1. 上部结构

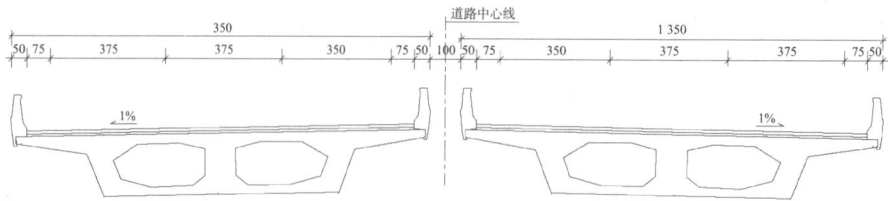

图4.35　柏果树河桥标准段横断面图（单位：cm）

桥面横坡均采用保持断面高度不变，调整顶、底板坡度而形成，在梁底支承处设有楔角，以保证支承面的水平。其梁高均为2 m，桥梁每联的两端设有伸缩缝，箱梁顶铺设桥面板和桥面铺装，上部结构总高度2.2 m（包括箱梁和桥面铺装）。另外，分别于悬臂腋角处和底板转角处设置圆弧倒角，倒角大小考虑保证美观、构造上边腹板纵向预应力钢束的布置等因素，倒角半径分别为1.0 m、0.3 m。

箱梁腹板采用斜腹板，考虑满足支座的布置以及箱梁外形美观的需要，腹板的倾斜度为1:2.5，同时斜置腹板可减少迎阳面，以便减小温度应力。

对于箱梁细部结构尺寸的控制，其中箱梁顶板、底板的厚度的确定，要考虑受力需要，厚度分别为0.24 m、0.2 m，另外在支点处对腹板和底板进行加厚，加厚段长度均为6 m。其中，边腹板加厚至0.7 m，中腹板加厚至1 m，以满足抗剪要求；底板加厚至0.4 m，提供较大的受压面，降低受压区高度，减少配筋量，同时为预应力钢束锚固提供空间。在顶、底板与腹板交接处分别设置腋角，可以提高截面的抗扭刚度和抗弯刚度；对于顶板，可满足纵向钢束布置要求，对顶板受力较为有利；对于底板，可加大腹板的刚度，为梁底预应力筋的锚固提供空间。

箱梁预应力钢束的布置方式根据桥梁的结构体系、受力情况、构造形式以及施工方法等确定。其中，腹板钢束的布置，在中腹板中，考虑结构受力需要、预应力的摩阻损失等因素，采用连续曲束和断续曲束结合的布束形式，张拉槽口设置于箱梁的顶底面；顶底板钢束布置于腹板两侧的顶底板内，箱梁上下翼缘有效宽度范围内，与腹板钢束共同承受桥梁纵向荷载；横梁钢束布置于支点横梁内，以承担支反力的作用。

2. 下部结构

下部结构在满足受力要求的前提下，墩柱尺寸的确定主要考虑了以下因素：桥梁支座的布置要求、墩柱各个部分尺寸与柱高的比例关系、与上部结构外形的匹配等。

桥墩直径采用1.5 m。综合考虑结构受力、美观性等因素，单幅桥横向设置双柱，立柱垂直于道路中心线方向间距为5 m。

因桥梁位于河道内，河底用浆砌片石护底。

八、挡墙结构

根据总体方案，桥梁引道段、主线及匝道开口端需要设置挡墙。挡墙采用C35钢筋混凝土悬臂挡墙，钢筋采用HRB400级，挡墙总长度约为700 m，引道段土方。

挡墙高度2～7 m，挡墙外立面干挂石材，车行道挡墙上方设置防撞体。基础底设置10 cm的C20素混凝土垫层，挡墙埋深为1 m。挡墙泄水孔为直径100 mm的PVC排水管，坡度5%，呈梅花形排列，水平及竖向间距1.5 m。墙后填料应采用砂性土等透水性材料，填料内摩擦角须不小于35度。根据挡墙高度的不同，挡墙共分为6种断面，采用不同的结构尺寸及配筋。

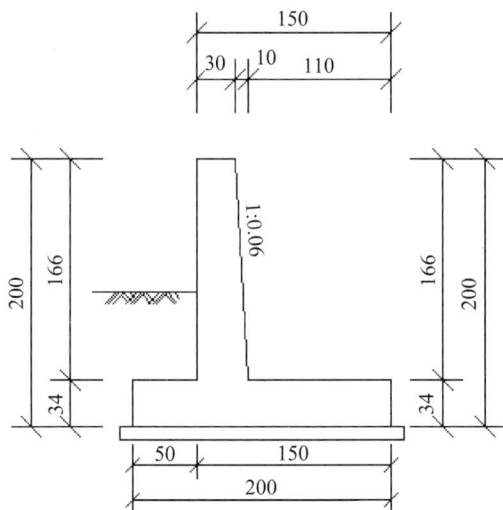

图4.36　挡墙断面图一（单位：cm）

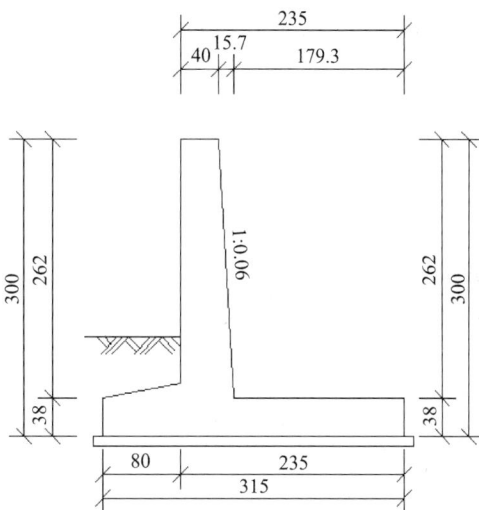

图4.37　挡墙断面图二（单位：cm）

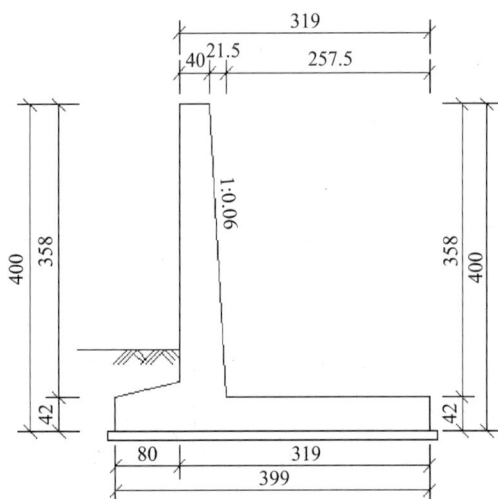

图4.38 挡墙断面图三（单位：cm）

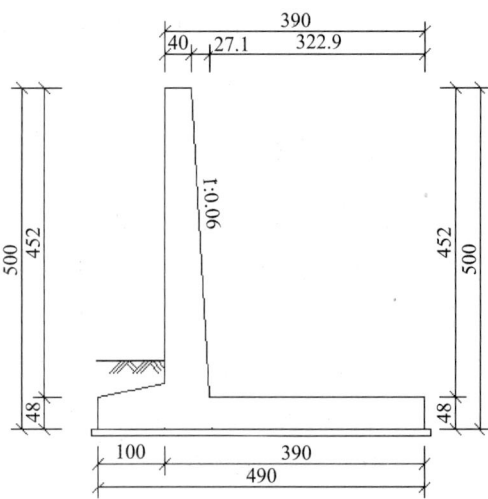

图4.39 挡墙断面图四（单位：cm）

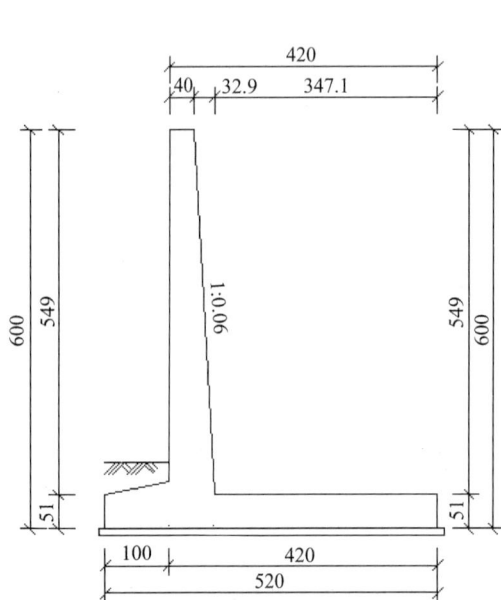

图4.40 挡墙断面图五（单位：cm）

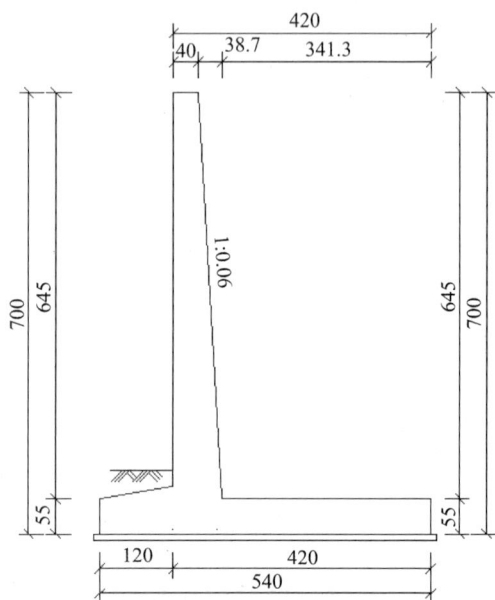

图4.41 挡墙断面图六（单位：cm）

九、桥梁结构材料

混凝土：预应力混凝土梁C50。

钢混组合梁：顶板采用C50无收缩混凝土。

墩柱、灌注桩基础C35。

垫层 C20。

钢材：普通钢筋为HRB400。

钢混组合梁为 Q355D 级钢。

预应力筋为低松弛钢绞线（极限强度 1 860 MPa）。

锚具：张拉端采用夹片锚，固定端采用挤压锚。

十、耐久性设计

根据《公路钢筋混凝土及预应力混凝土桥涵设计规范》（JTG 3362—2018），桥涵应根据其所处环境条件进行耐久性设计。

该工程桥梁主要构件设计基准期为一百年，桥梁附属构件如支座、伸缩缝等使用寿命按 25 年考虑，附属构件需进行更换，以确保结构安全及使用舒适。

1. 环境类别

上部结构按照Ⅰ类环境考虑，下部结构按Ⅱ类环境考虑，混凝土标号不小于 C35。

2. 混凝土耐久性设计

影响桥梁结构耐久性的因素有水分、冰冻、空气污染、除冰盐水等环境因素以及车辆的疲劳荷载、振动和磨损等力学作用，力学作用对桥梁耐久性影响通过结构设计计算来解决，环境作用对桥梁耐久性影响通过原材料及其配合比的选择、结构构造设计等来解决。下面按照不同环境类别、环境作用等级分别进行混凝土结构耐久性设计。

（1）混凝土标号 C35，最大氯离子含量 0.15%，最大碱含量 3.0 kg/m³。混凝土最大水胶比 0.50，混凝土最小水胶比 0.30，最大胶凝材料（水泥与矿物掺和料）用量 400 kg/m³，最小胶凝材料用量 300 kg/m³。

（2）混凝土标号 C40，最大氯离子含量 0.15%，最大碱含量 3.0 kg/m³。混凝土最大水胶比 0.45，混凝土最小水胶比 0.30，最大胶凝材料（水泥与矿物掺和料）用量 450 kg/m³，最小胶凝材料用量 320 kg/m³。

（3）混凝土标号 C50，最大氯离子含量 0.06%，最大碱含量 3.0 kg/m³。混凝土最大水胶比 0.36，混凝土最小水胶比 0.33，最大胶凝材料（水泥与矿物掺和料）用量 480 kg/m³，最小胶凝材料用量 360 kg/m³。

（4）混凝土 28d 龄期的氯离子扩散系数 DRCM 值小于 7×10^{-12} m²/s，其试验检测方法应符合《公路工程混凝土结构耐久性设计规范》（JTG/T 3310—2019）。混凝土抗冻耐久性指数 DF 不小于 80%，其试验检测方法应符合《水工混凝土试验规程》（SL T352—2020）。

（5）混凝土结构保护层要求：主梁受力主筋保护层不小于 40 mm。

（6）混凝土宜采用非碱活性集料，掺合料中如有硅灰，其含量应小于胶凝材料质量的 8%，混凝土各技术标准应符合交通运输部部颁标准的有关规定。混凝土配制应选用优质水泥和级配良好的优质骨料。水泥及骨料品质应符合交通运输部部颁标准的规定及其他相关技术规范要求，要严格控制骨料及拌和水的氯离子含量，粗骨料最大粒径小于 25 mm。

3. 混凝土原材料和配合比

为保证混凝土质量、控制裂缝和提高耐久性，施工中所用的混凝土材料必须符合有关规范的要求，主要有以下几方面的考虑。

1）水泥

（1）尽量采用水化热较低的水泥，控制水泥细度及 C_2S 含量，水泥中的 C_3A 含量不宜超过 5%，水泥细度不宜超过 350 m^2/kg，游离氧化钙不宜超过 1.5%。宜采用 C_2S（硅酸二钙）含量较高而水化热较低的硅酸盐类水泥品种。

（2）选用耐腐蚀性能较好的水泥品种。

（3）不宜单独采用硅酸盐或普通硅酸盐水泥作为胶凝材料配置混凝土，也不宜单独采用抗硫酸盐的硅酸盐水泥配置混凝土，建议掺加大掺量或较大掺量矿物掺和料，并加入少量硅灰。

2）粉煤灰等矿物掺合料

粉煤灰时配置耐久性混凝土的重要组分，配置耐久性混凝土应适当掺加粉煤灰等矿物掺合料，掺合料应符合《公路桥涵施工技术规范》（JTG/T 3650—2020）等规范要求。

3）骨料

骨料应洁净、质地坚硬（压碎指标不大于 14%，吸水率不大于 2%）、级配合格（针片状颗粒含量小于 7%）、粒径形状好。粗骨料堆积密度大于 1500 kg/m^3，即空隙率不超过 40%，C40 及以上混凝土所选粗骨料压碎值不大于 10%，吸水率不大于 2%，不宜采用有潜在活性物质的粗骨料。粗骨料的最大公称粒径不宜超过保护层厚度的 2/3，且不超过钢筋最小净距地 3/4。

粗细骨料组成应按连续密实级配要求，确定组成比例，以单位体积容重最大、空隙率最小、混凝土和易性最好为目标。细集料应为级配良好的中粗河砂，不得采用海砂。

4）水

拌合用水宜采用城市供水系统的饮用水，不得采用海水；当采用其他水源时，应符合《水运工程混凝土质量控制标准》（JTS 202-2—2011）及《公路桥涵施工技术规范》（JTG/T 3650—2020）的要求，且水中氯离子含量超过 500 mg/L 的水不得使用。

5）外加剂

所选用的混凝土外加剂产品性能指标应符合《混凝土外加剂》（GB 8076—2008）及相关标准。选定外加剂前，必须与所用水泥进行化学成分和剂量适应性检验。化学成分不适应，不得使用；应通过不同减水剂掺量与混凝土减水率试验曲线找出该减水剂的最佳掺量；如果采用复合型外加剂，在满足减水率和工作性能的同时，还应满足缓凝时间、坍落度损失等多项指标要求，建议选用超高效减水剂。

任何提高早强的措施都不利于后期轻度和耐久性，建议不掺加早强剂。不得采用含有氯盐的防冻剂和其他外加剂。

6）混凝土配合比

应限制混凝土中胶结材料的最低和最高用量。在满足胶结材料最低用量前提下，尽可能降低硅酸盐水泥用量，但不得降低混凝土的密实度。因此，要求施工前应对拟采用的配合比进行试件检验（要求与现场同环境），达到要求后方可进行施工。

7）其他要求

（1）预应力混凝土孔道灌浆材料应采用C50水泥浆，水灰比不宜大于0.4，并符合相关规范要求。

（2）混凝土保护层垫块的强度和密实性应高于构件本身混凝土，宜采用水灰比小于0.4的砂浆、细石混凝土。

（3）绑扎垫块和钢筋的铁丝不得伸入保护层内。

4. 混凝土结构施工控制

（1）混凝土保护层厚度严格按照规范执行，垫块的设置、数量及牢固程度应能够确保保护层厚度的准确性。

（2）伸缩装置两端与主梁连接部分的混凝土，受力比较复杂，除按照最优配合比设计外，还应使用膨胀剂和掺入钢纤维等增韧材料，使用膨胀剂前应检验其与水泥和其他外加剂之间的相容性。

（3）为提高预应力钢筋的耐久性，采用全长连续密封的高密度塑料波纹管作为孔道管，并采用真空辅助压浆技术。

（4）结构的连接缝位置应避开不利的环境作用部分。

（5）混凝土保护层尺寸允许偏差不得大于5 mm。

（6）构件不能使用海水养护，使用钻孔桩混凝土时，成孔、清孔用水应使用淡水。如果施工条件不允许时，可使用海水成孔，但必须用淡水清孔，并经过钻取钻孔桩混凝土样品试验验证外表层混凝土的氯离子含量符合混凝土氯离子含量限值。

（7）构件拆模后，其表面不得留有铁件，因设计要求设置的金属预留件其裸露面必须进行防腐蚀处理。

5. 钢构件耐久性设计

部分外露钢构件（如钢桥、支座钢板、伸缩缝构件、护栏、锚具等）应采取有效措施（如浸塑热喷涂等）进行防锈处理。

（1）钢板防护。钢板应采用耐候钢，在预埋钢板前，先对钢板进行防护处理，处理方法为：钢板→表面清洁→表面粗化（至清洁度 Sa2.5～3.0，粗糙度 Rz40～60μm）→电弧喷涂 ZnAl（体积比1：1），160μm。

（2）防撞体栏杆、灯柱等金属结构涂装方案。对于防撞体栏杆以及灯柱等金属结构采用热浸锌钢制品，除油清洁后，涂覆磷化底漆（20μm）一道，环氧云铁中间漆（2×50μm）两道，氟碳树脂面漆（2×30μm）两道。

（3）其他部位。施工期间外露锚具需采用表面电弧喷锌-铝合金涂层，厚度 120μm。伸缩缝装置钢梁采用耐候钢并表面电弧喷锌-铝合金涂层。

十一、新材料新技术

1. 桥梁检测系统

根据山东省住房和城乡建设厅《关于加强城市桥梁管理排查消除安全隐患的通知》与《公路桥梁结构安全监测系统技术规程》的有关内容，可对新建成的桥梁震动、应变、变形等进行检测，保障嘉陵江路西延桥隧集群结构的运营安全，综合考虑桥隧结构交通荷载、地质条件及环境等多重因素对桥隧结构性能的耦合影响，综合运用全分布式光纤智能感测与点式无线感测技术，建立分布式与点式感知信息融合的嘉陵江路西延桥隧结构群结构运营安全监测—诊断—预警一体化平台。

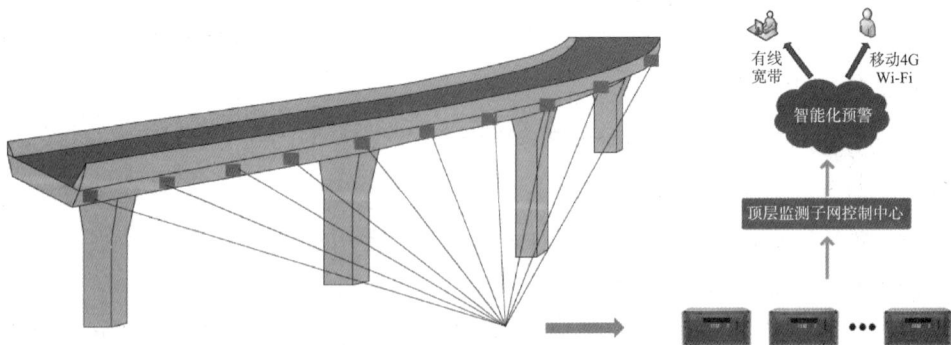

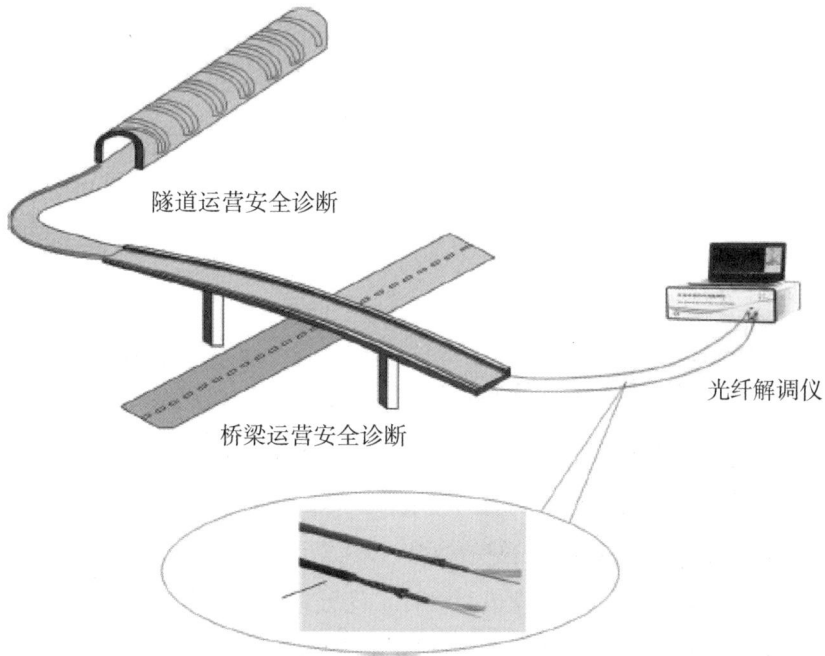

图 4.42　桥梁检测系统

2. 全影型声屏障

全影型声屏障用于双向四车道，匝道采用单跨；双向六车道的声屏障需在中央隔离墩设置支撑，棚架内净高 6 m，由钢结构骨架、铝板吸声以及透明亚克力板组成，每 2 m 设置一道立柱，能够降噪 15 分贝以上。

图 4.43　六车道全影型声屏障实景图

第六节　隧道工程

一、设计原则

（1）隧道设计以安全、耐久、经济、节能、环保作为基本原则，主体结构按永久性建筑设计。

（2）隧道选址根据路线的走向、隧址的工程地质、水文条件、进出口的地形，优选与两端路线衔接顺畅、对路线周围环境影响小的设计方案；尽量避开不良地质区域，保证施工期安全，运营期有较好的社会、环境、经济效益。

（3）洞身结构基于新奥法原理进行设计，充分考虑围岩地质条件、断面形状、支护结构、施工条件等，并充分利用围岩自身的承载能力，主体结构具有规定的强度、稳定性和耐久性。

（4）充分考虑地质、地形、结构安全、施工条件、环境保护等因素，综合确定隧道布设形式。

（5）隧道洞口设计贯彻"零开挖进洞"设计理念，严格控制边仰坡高度，避免大挖大刷，确保隧道边仰坡稳定。

（6）隧道防排水设计遵循"防、排、截、堵结合，因地制宜，综合治理"的原则，制订合理可行的设计方案，达到排水通畅、防水可靠、经济合理、不留后患的目的，妥善处理地表水、地下水，保证洞内外防排水系统的完整性通畅性。

二、隧道设计技术标准

1. 主线设计标准

（1）使用功能：公路隧道。

（2）道路等级：次要干线一级公路兼城市快速路，设计车速80 km/h。

（3）隧道规模：特长隧道、中隧道、短隧道；双向6车道。

（4）设计荷载：公路-I级。

（5）结构设计使用年限：一百年。

（6）主体结构安全等级：一级。

（7）地下工程防水等级：二级。

（8）结构耐火等级：一级。

2.匝道设计标准

（1）使用功能：公路隧道。

（2）道路等级：设计车速40 km/h。

（3）隧道规模：中隧道，双向4车道。

（4）设计荷载：公路–I级。

（5）结构设计使用年限：一百年。

（6）主体结构安全等级：一级。

（7）地下工程防水等级：二级。

（8）结构耐火等级：一级。

三、隧道线路

（一）隧道平面设计

根据总体设计方案，主线在昆仑山路与嘉陵江路交叉口以浅埋隧道型式转入嘉陵江路下方，隧道共有两端长度分别为420 m和380 m短隧道组成，两隧道洞口间距约200 m，采用下沉式隧道型式，单层双洞矩形断面，隧道南北两侧局部与转向匝道并行，上下行转向匝道长度约480 m；主线小珠山特长隧道采用平行分离式型式，东端起于小珠山东侧，向西下穿小珠山后止于小珠山西侧，下行隧道全长4 080 m，上行隧道全长4 320 m；主线胶州湾西路中隧道采用整体式隧道，从星海滩路东侧进洞，下穿星海滩路后转入胶州湾西路下方，由路中出洞，全长约910 m。珠光路匝道上行隧道全长约1 000 m，下行隧道全长约860 m，属于中隧道，采用分离式隧道型式；星海滩路匝道上行隧道全长约400 m，下行隧道全长约660 m，属于中隧道，采用分离式隧道型式。

根据要求，隧道洞口内外各3 s设计速度行程长度范围的平面线形应一致的原则，隧道主线线路最小曲线半径1 000 m，最大曲线半径4 000 m，满足规范要求。

（二）隧道纵断设计

小珠山隧道为1.84%单向坡布置。隧道洞口内外各5 s设计速度形成长度范围内的纵面线形一致，隧道洞口内（外）侧长度最小110 m。隧道东出入口竖曲线半径为10 000 m，隧道西出入口无竖曲线，各项指标满足规范要求。

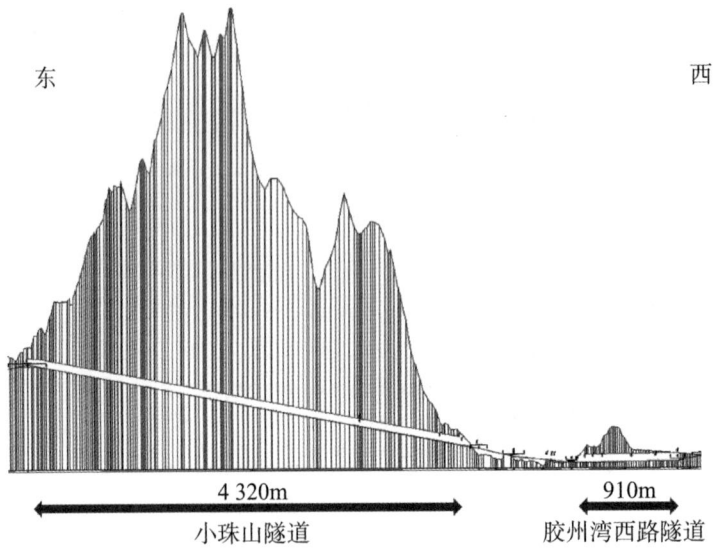

图 4.44 主线隧道纵断面示意图

四、隧道结构设计

（一）隧道工程概况

该工程共包括6座隧道，主线昆仑山路隧道、小珠山特长隧道、主线胶州湾西路隧道、昆仑山路转向匝道隧道、珠光路匝道隧道及星海滩路匝道隧道。主线隧道为双向六车道隧道，小珠山隧道为分离式独立隧道，胶州湾西路隧道为整体式隧道，匝道隧道为双向二车道或四车道分离式独立隧道。隧道概况如表4.9所示。

表 4.9　隧道概况表

隧道名称	进口里程	出口里程	隧道全长（m）	拱顶最大埋深（m）
主线昆仑 山路隧道	K1+780.0000 K2+440.0000	K2+200.0000 K2+820.0000	420 380	3
小珠山隧道	K5+200.000	K9+520.000	东线：4320 西线：4080	366.5
胶州湾西路隧道	K10+700.000	K11+610.000	910	20
昆仑山路转向匝道隧道	K0+320.0000	K0+800.0000	480	3
珠光路匝道隧道	K0+220.000	K1+220.000	1000	278
星海滩路匝道隧道	K0+380.000	K1+040.0000	660	15

（二）隧道方案设计

1.隧道建筑限界及衬砌内轮廓设计

（1）主线隧道建筑限界按80 km/h设计行车速度并结合相关规范拟定，主线隧道按双向六车道以及港湾式紧急停车带标准建设，标准段横断面组成为：0.75 m检修道（含余宽0.25 m）+0.5 m左侧侧向宽度+3.5 m小汽车道+7.5 m混行车道+0.75 m右侧侧向宽度+ 0.75 m检修道（含余宽0.25 m）=13.75 m，限界宽度较原方案增加0.25米；设紧急停车带的隧道横断面组成为：0.75 m检修道（含余宽0.25 m）+0.5 m左侧侧向宽度+3.5 m小汽车道+7.5 m混行车道+0.75 m右侧侧向宽度+3.0 m紧急停车带+0.75 m检修道（含余宽0.25 m）=16.75 m。港湾式停车带间距按不大于750 m控制，单侧隧道共需设置4处港湾式紧急停车带。

匝道隧道按单向单车道+硬路肩标准建设，标准横断面组成为：0.75 m检修道（含余宽0.25 m）+0.5 m左侧侧向宽度+3.75 m车道+3.75 m硬路肩（含右侧侧向宽度）+ 0.75 m检修道（含余宽0.25 m）=9.5 m。具体如图4.45所示。

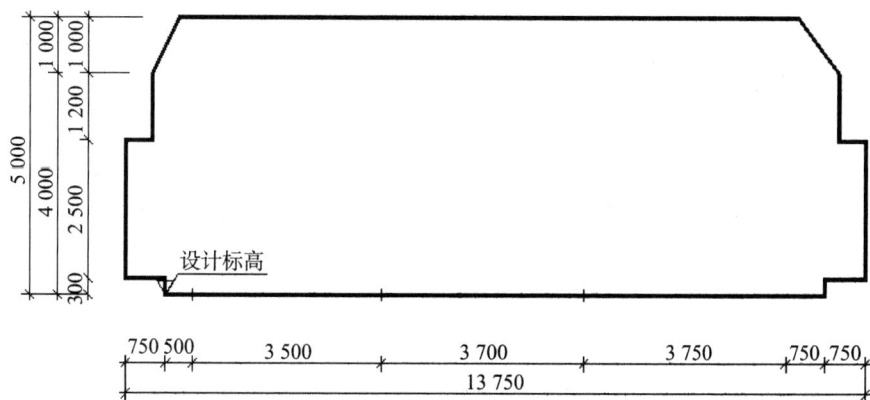

图4.45 主线标准隧道建筑限界图（单位：mm）

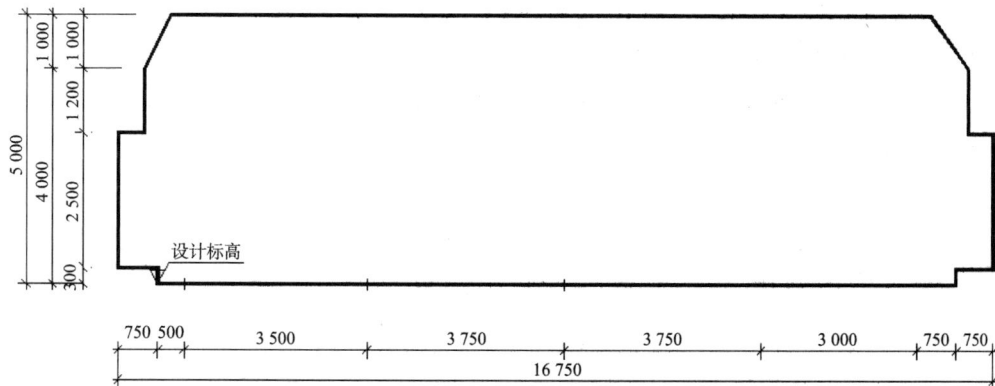

图4.46 主线紧急停车带隧道建筑限界图（单位：mm）

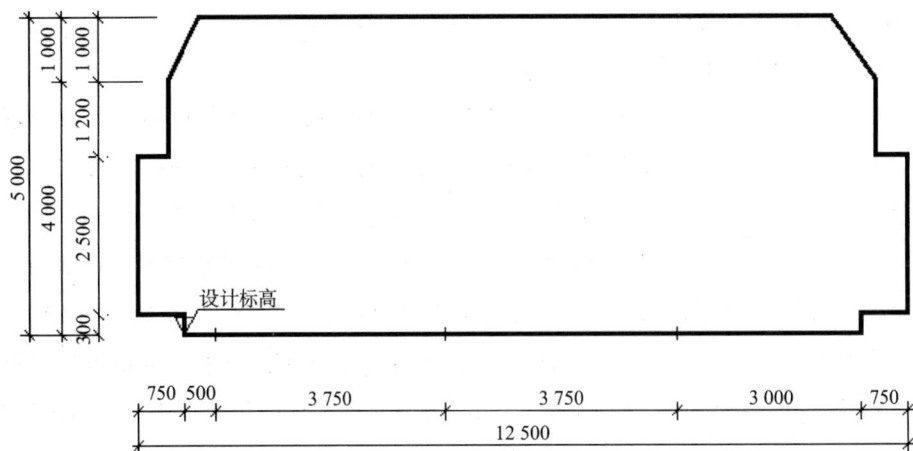

图4.47 昆仑山路转向匝道隧道建筑限界图（单位：mm）

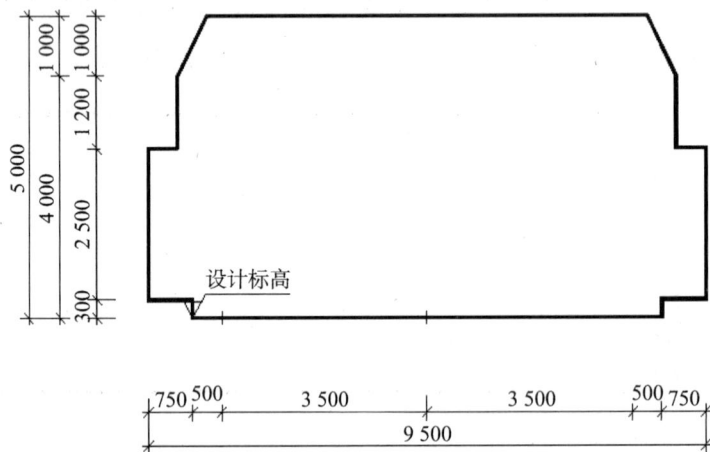

图4.48 匝道标准隧道建筑限界图（单位：mm）

（2）衬砌内轮廓的形状和尺寸根据围岩级别、结构受力特点以及方便施工等因素，在满足隧道建筑限界且各种设备均不得侵限的前提下，充分考虑照明、通风、监控、消防等机电设施及洞内装饰所需要的空间，综合研究拟定，如图4.49～图4.53所示。

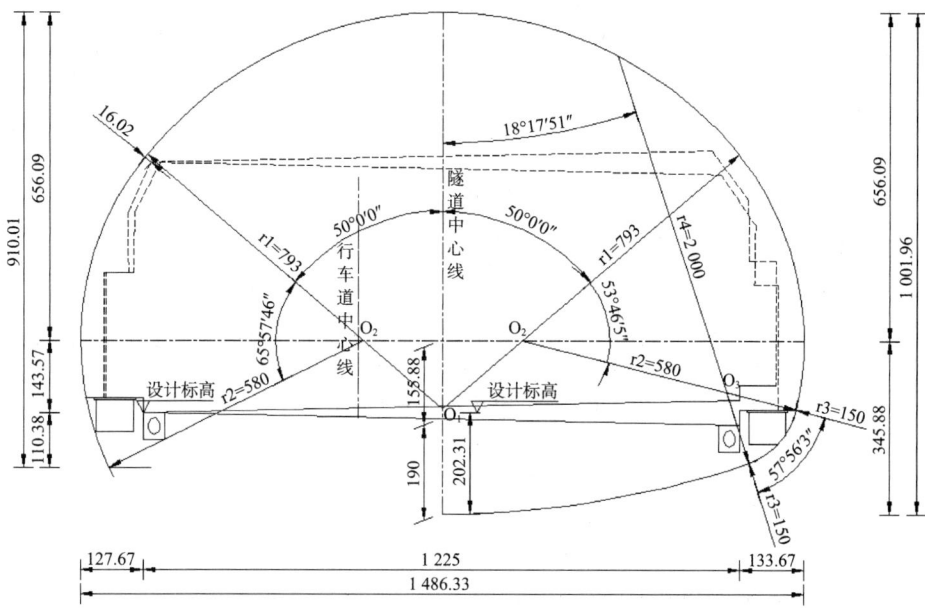

图4.49 主线隧道分离式隧道典型内轮廓图（单位：cm）

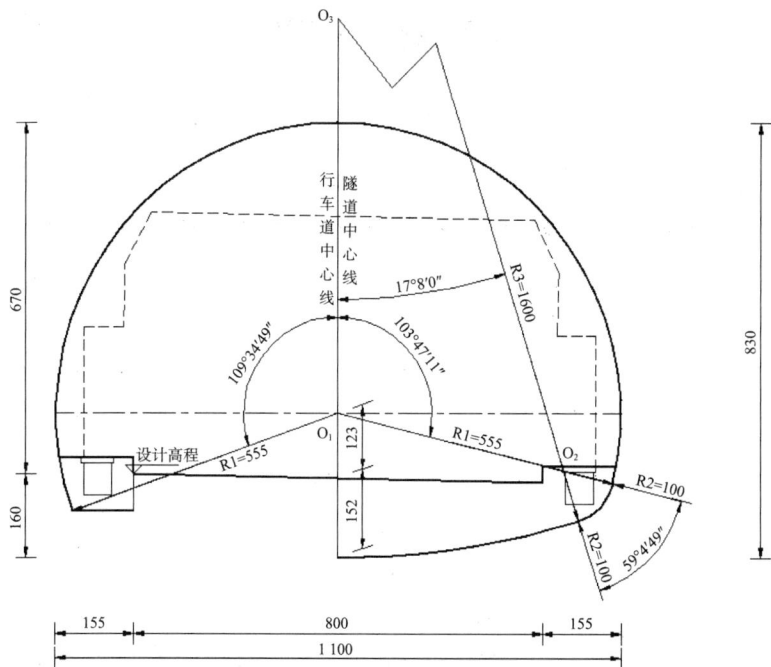

图4.50 珠光路匝道隧道典型内轮廓图（单位：cm）

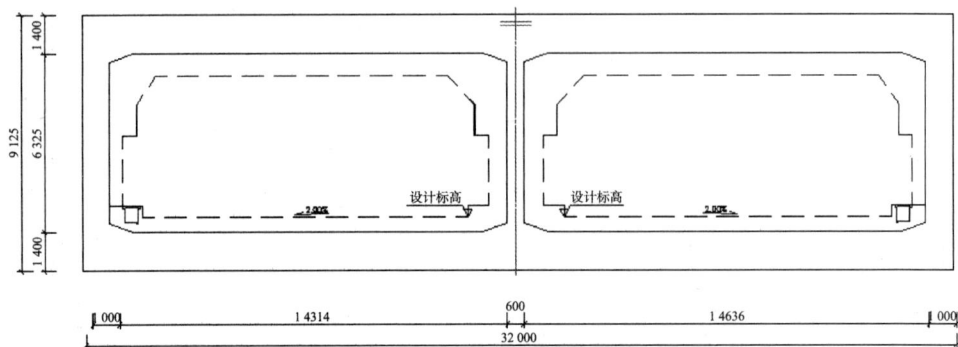

图 4.51 主线隧道整体式隧道典型横断面（单位：mm）

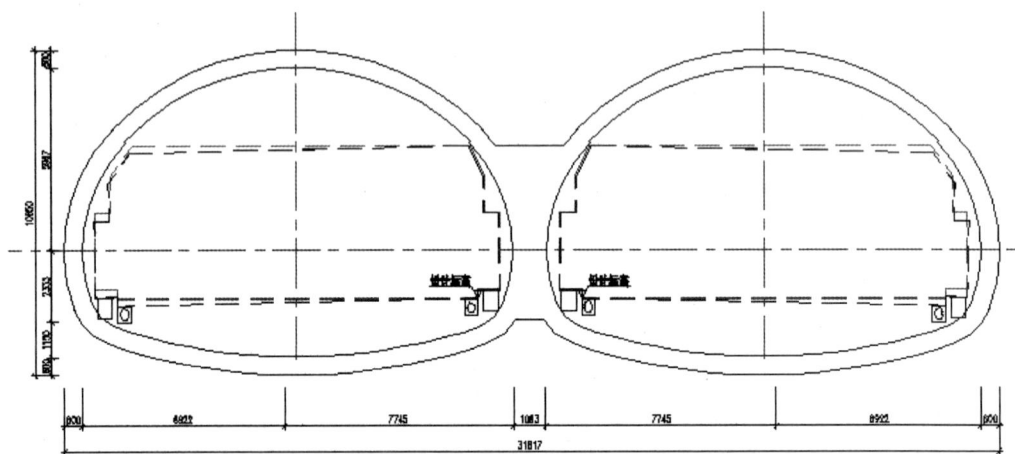

图 4.52 主线胶州湾西路隧道连拱隧道横断面（单位：mm）

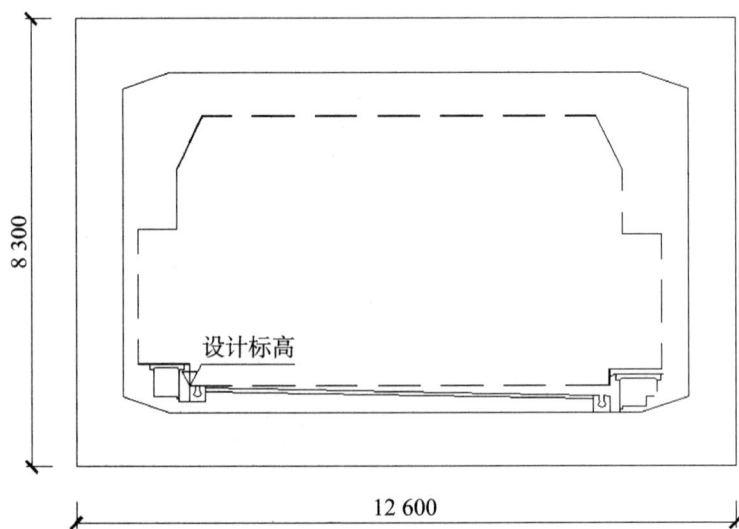

图 4.53 星海滩路连接线隧道典型横断面（单位：mm）

2.横通道设计

横通道建筑限界参照《公路隧道设计规范》相关规定拟定。横通道衬砌内轮廓的形状和尺寸根据围岩级别、结构受力特点以及方便施工等因素，在满足横通道建筑限界的前提下，综合研究拟定。

（1）横通道建筑限界及衬砌内轮廓。车行横通道建筑限界：净宽×净高=4.5 m×5.0 m；人行横通道建筑限界：净宽×净高=2.0 m×2.5 m。车行、人行横通道建筑限界、衬砌内轮廓如图4.54～图4.57所示。

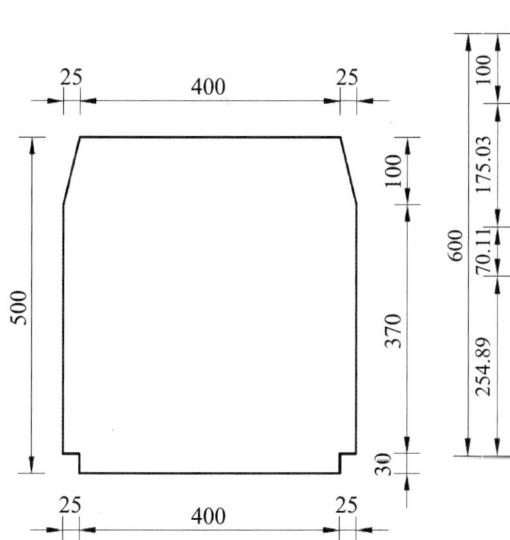

图 4.54 车行横通道建筑限界图（单位：mm）

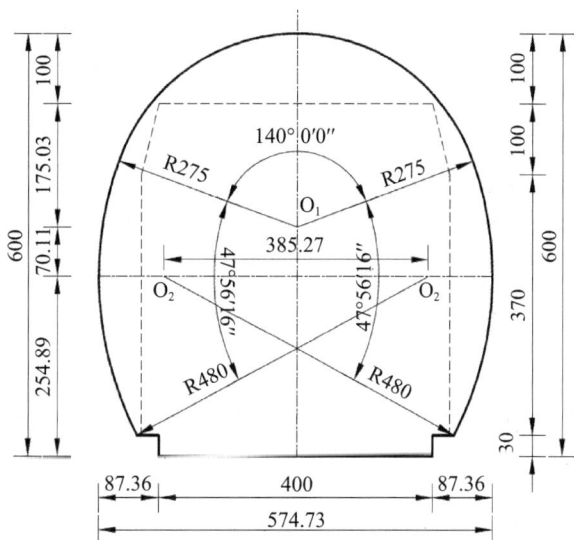

图 4.55 车行横通道衬砌内轮廓（单位：mm）

图 4.56 人行横通道建筑限界图（单位：mm）

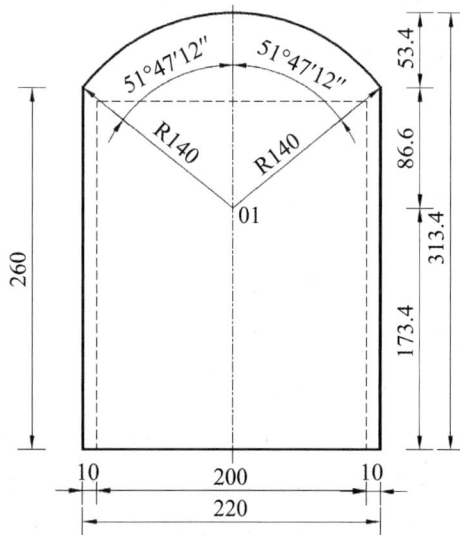

图 4.57 人行横通道衬砌内轮廓（单位：mm）

（2）横通道设置概况。

小珠山隧道共设置19座横通道，其中人行横通道10座，车行横通道兼人行横通道9座，主线中隧道共设置3座横通道，其中人行横通道2座，车行横通道兼人行横通道1座。

珠光路连接线隧道位于主线隧道两侧，与主线进行疏散，共设置6座横通道，其中人行横通道4座，车行横通道兼人行横通道2座；星海滩路连接线隧道由于长度较短，且东线与西线距离较远，仅在中部与主线之间设置1座人行通道进行疏散。

（3）紧急停车带。

根据规范，主线小珠山隧道上下行共需设置8处紧急停车带，停车带有效长度40 m，两端过渡段各5 m。

3.隧道工法选择

主线特长隧道和珠光路支线隧道属于山岭隧道，隧道埋深大，除洞口部分采用明洞形式外，其余部分均采用新奥法施工理念，Ⅵ级围岩采用双侧壁导坑法开挖，Ⅴ级围岩采用CRD法开挖，Ⅳ级围岩采用CD法、台阶法开挖，左右侧导洞掌子面间距不小于15 m，施工开挖应进行超前钻探，并做好超前支护；Ⅲ级围岩采用台阶法开挖，上下台阶间距6~8 m。当顶部围岩破碎、施工支护需紧跟时，可适当延长，减少施工干扰。施工过程中应严格控制超、欠挖，初期支护应及时可靠，二次衬砌应根据监控量测结果适时施作，尽早封闭成环。对于软弱围岩段在施工中要坚持弱爆破、短开挖、强支护、早封闭、衬砌紧跟的原则，防止岩体拥塌，在施工中各工序要紧密跟进，不能脱节。施工中加强围岩监控量测，结合反馈信息及时优化调整设计参数，以确保结构稳定与施工安全。

主线中隧道为整体式浅埋隧道，星海滩路支线隧道为分离式浅埋隧道，采用明挖法施工，根据工程地质条件及周边环境采用放坡或桩锚、桩撑等不同支护型式。施工前须对胶州湾西路和星海滩路交通进行临时调流，管线进行临时迁改。

4.隧道洞身设计

（1）隧道形式确定。隧道设置形式的选择应充分考虑围岩地质条件、断面形状、尺寸大小、施工方法、支护时间、洞口连接线、占地大小、环境影响和工程造价等因素。主线特长隧道布置方式考虑以下两种：分离式隧道、连拱隧道。主线特长隧道和珠光路支线隧道属于山岭隧道，周边环境空旷，占地影响小，为减小隧道施工风险，该隧道采用分离式隧道，左右线隧道净距约25 m。主线中隧道受用地限制，采用整体式隧道，矩形隧道或连拱隧道，星海滩路支线隧道下穿星海滩路及胶州湾西路，为减小施工风险，结合星海滩路及胶州湾西路改造采用明挖矩形地道。

（2）衬砌结构设计。① 明洞衬砌。主线特长隧道两端浅埋部分采用明洞形式，马蹄型断面，钢筋混凝土结构。主线中隧道与星海滩路隧道均采用矩形浅埋地道。② 暗洞衬砌。暗挖隧道采用新奥法原理进行设计和施工，施工采用光面爆破和预裂爆破技术，尽量减少对围岩的扰动，严格控制超挖和欠挖；采用锚喷支护，复合式衬砌结构，即以环向系统锚杆或注浆小导管、钢筋网、喷射混凝土作为初期支护，辅以型钢钢架加强支护和小导管注浆超前支护。二次衬砌采用钢筋混凝土，在初期支护与二次衬砌之间铺设高分子复合自粘防水卷材（厚度≥1.5 mm，幅宽2 m）。隧道衬砌类型、衬砌断面型式、衬砌结构尺寸等主要支护参数采用工程类比法确定，并对隧道结构进行必要的理论计算及校核，结合构造要求及技术经济条件综合比较。

（3）洞身衬砌支护参数。洞身衬砌支护参数如表4.10所示。

表4.10　分离式隧道衬砌支护参数表

衬砌类型	初期支护				预留变形量	二衬模筑混凝土（C35）	辅助施工
	锚杆	钢筋网	C25喷射砼	钢拱架			
V级加强	Φ25中空注浆锚杆L=4.5 m 0.6（纵）×1.0 m（环）	Φ8 20cm×20cm 双层	厚28 cm（含仰拱）	I22b型钢拱架@60 cm（含仰拱）	16 cm	拱部、仰拱60 cm（钢筋砼）	Φ50小导管，L=4.5 m，环向间距40 cm，纵向间距3 m
V级一般	Φ25中空注浆锚杆L=4.0 m 0.75（纵）×1.0 m（环）	Φ8 20cm×20cm 双层	厚26 cm（含仰拱）	I20b型钢拱架@75 cm（含仰拱）	14 cm	拱部、仰拱55 cm（钢筋砼）	Φ50小导管，L=4.5 m，环向间距40 cm，纵向间距3 m
IV级加强	Φ22早强药卷锚杆L=3.5 m 0.75（纵）×1.0 m（环）	Φ8 20cm×20cm 单层	厚24 cm（含仰拱）	I18型钢拱架@75 cm	12 cm	拱部、仰拱50 cm（钢筋砼）	Φ42小导管，L=4.5 m，环向间距40 cm，纵向间距3 m
IV级一般	Φ22早强药卷锚杆L=3.5 m 1.0（纵）×1.0 m（环）	Φ8 20cm×20cm 单层	厚24 cm	I18型钢拱架@100 cm	10 cm	拱部、仰拱45 cm（钢筋砼）	Φ22早强砂浆锚杆，L=4.5 m，环向间距40 cm，纵向间距3 m

续表

衬砌类型	初期支护				预留变形量	二衬模筑混凝土（C35）	辅助施工
	锚杆	钢筋网	C25喷射砼	钢拱架			
Ⅲ级	Φ22早强药卷锚杆L=3.0 m 1.2（纵）×1.5 m（环）拱部设置	Φ8 20cm×20cm 单层	厚15 cm	——	6 cm	拱部40 cm	——
Ⅲ级加强	Φ22早强药卷锚杆L=3.0 m 1.2（纵）×1.5 m（环）拱部设置	Φ8 20cm×20cm 单层	厚22 cm	I16型钢拱架@120 cm	6 cm	拱部40 cm	——

5. 洞口设计

（1）根据地形、地质条件，兼顾环境要求，在严格控制洞口边仰坡开挖高度、保证边仰坡稳定的前提下，遵循早进晚出、因地制宜、确保安全、保护生态、美化环境的设计原则，同时结合洞外相关工程和施工条件、运营要求，经综合研究确定洞口位置。

（2）主线特长隧道和珠光路隧道位于青岛市黄岛区小珠山，区位条件独特，洞门设计应充分考虑环境协调的要求。隧道东西进出口均采用端墙式洞门结构。

（3）为尽量减少隧道进、出口边仰坡施工对天然坡面及植被的破坏，左、右隧洞口在满足洞外相关工程要求的条件下，原则上采用无仰坡进洞设计。

（4）左、右隧进、出口均设置1环φ108大管棚超前预支护进洞，以确保施工安全，规避施工坍方风险。

（5）隧道进出、口边仰坡开挖坡面均进行防护，开挖后尽早修建洞门及排水系统，以保证边仰坡坡面稳定。

图 4.58 隧道洞口效果图

6. 洞身防排水设计

隧道防排水设计遵循防、排、截、堵相结合，因地制宜，综合治理及以防为主、分区排放的原则，进行环境评价，重视环境保护，采取切实可靠的设计、施工措施，充分利用衬砌结构自身防水能力，并构筑隧道结构内外完善的防排水系统，对地表水和地下水进行妥善处理。对岩溶管道水、围岩裂隙水适当排放不会影响地表水环境的段落采取以堵为主，限量排放的措施；排水对环境确无影响时采取重力排放的措施，以保证隧道结构物和营运设备的正常使用和行车安全。隧道防排水设计务求达到防水可靠，排水通畅，衬砌不渗不漏，隧道内轮廓表面基本干燥的效果。

1）隧道防水

（1）衬砌结构自身防水。二次衬砌拱墙、仰拱采用防腐抗裂防水混凝土，防水等级参照《地下工程防水技术规范》二级标准办理，山岭隧道采用排水型隧道，浅埋明挖地道采用防水型隧道。防腐抗裂防水混凝土可通过调整配合比及掺加外加剂等措施配制而成，其抗渗等级不得小于P8。

（2）防水板防水。隧道喷射混凝土与二次衬砌之间拱、墙均铺设高分子复合自粘防水卷材防水层。防水卷材厚度≥1.5 mm，幅宽2 m，搭接宽度10 cm。

（3）施工缝、变形缝防水。① 施工缝。a. 施工缝设置要求：隧道衬砌混凝土应连续灌注，拱部、仰拱不得设置纵向施工缝，且要求拱墙混凝土应一次立模灌注成形。边墙纵向施工缝不应设置在剪力与弯矩最大处。为方便施工，结合隧道受力特征，本隧纵向施工缝设置在检修道盖板底附近的边墙上。环向施工缝设置应避开地下水和裂隙水较多的地段，且应与变形缝结合设置。b. 施工缝防水措施：环向施工缝采用中埋式橡胶止水带、背贴式橡胶止水带复合防水构造措施，环向施工缝沿隧道纵向按 10 m 一道设置；纵向施工缝采用中埋式钢边橡胶止水带、背贴式橡胶止水带复合防水构造措施，纵向施工缝按全隧左、右隧各 2 道拉通设置。中埋式橡胶止水带宽度≥250 mm，中埋式钢边橡胶止水带宽度≥240 mm，背贴式橡胶止水带宽度≥300 mm。② 变形缝。a. 变形缝设置在地质条件或结构断面变化较大处、洞口加强衬砌与普通衬砌分界处。b. 变形缝设置中埋式钢边橡胶止水带、背贴式橡胶止水带、聚苯乙烯硬质泡沫板（或沥青木丝板）填充、内缘深 10 cm 双组份聚硫密封胶嵌缝等防水构造措施。中埋式钢边橡胶止水带宽度≥240 mm，背贴式橡胶止水带宽度≥300 mm。

2）隧道排水

（1）洞外排水。隧道洞口结合地形条件设置截水天沟和排水沟，截水天沟设置在洞顶边仰坡之外 5~10 m 处，并与路基截水沟或侧沟顺接。截水天沟坡度根据地形设置，但不小于 3‰，当纵坡过陡时则设置急流槽或跌水连接，截水天沟尺寸根据汇入水沟的流量计算确定。洞顶排水沟和截水天沟将地表水排引至路基侧沟或洞外自然沟谷，以此形成完善的洞外排水系统，防止雨水对坡面、洞口的直接冲刷。

（2）洞内排水。① 排水沟排水。洞内排水采用车行道两侧路缘纵向排水沟的排水方式。a. 行车道两侧路缘设纵向排水沟，引排路面积水、营运清洗污水、消防污水和其他废水。b. 车行道路面结构下设纵向中心排水沟或深边沟。每隔 50 m 设一个沉沙井，每隔 200 m 设置一处检查井，使隧道排水设施具有可维修性。检查井、沉沙井均设为暗井。② 排水管排水。a. 在衬砌两侧边墙背后底部初期支护与二次衬砌防水层间设纵向盲管。纵向盲管采用 φ160HDPE 双壁打孔波纹管（外裹 100 g/m² 无纺布），沿隧道纵向拉通布置。b. 隧道洞身初期支护与二次衬砌防水层间设 φ50HDPE 半圆环向排水盲管，Ⅳ级围岩沿隧道纵向按 8 m 间距设置；Ⅴ级围岩沿隧道纵向按 6 m 间距设置。当遇水量较大时，环向排水盲管应加密。对遭遇股流出水处，应在开挖轮廓围岩表面单独设置 φ100PE 半圆环向排水盲管；对遭遇片流出水处，应在开挖外轮廓围岩表面成组设置 φ100PE 半圆环向排水盲管。c. 环向盲管中的围岩渗水经纵向盲管汇集后，再由横向导水管排入行车道下纵向中心排水沟，最后由纵向中心排水沟排出洞外引入道路排水沟。横向导水管采用 φ160HDPE 双壁波纹管，沿隧道纵向按 25 m 间距布设。环向盲管与纵向盲管、纵向盲管与横向导水管采用 φ160/φ160 等径三通连接，且要求连接牢靠，密不漏水，从而形成由环向盲管、纵向盲管、横向导水管、行车道下纵向中心排水沟构成的洞内排水系统。

3）注浆堵水

（1）为确保二次衬砌与初期支护结合紧密，施工时在隧道拱顶按纵向间距 3~5 m

预留注浆孔，待衬砌混凝土达到设计强度后进行充填注浆。

（2）当隧道洞身穿越软硬岩层接触带、岩溶发育地带，施工中应采取以保证施工安全为目的的超前预注浆及围岩加固措施。

7.路面工程

（1）洞内路面采用沥青混合料上面层与水泥混凝土下面层组成的复合式路面。

（2）路面下结构。① 路面之下面层下铺设不小于 15 cm 厚 C20 混凝土基层。② 基层下铺设 C15 片石混凝土仰拱填充。

8.隧道建筑、内壁装饰

（1）隧道东侧洞口结合收费站设置一处管理中心用房，建筑面积大约 1 500 平方米，负责本隧道群的监控、管理工作，具备对所辖隧道进行控制功能。

通风空调专业用房：送风机房、空调机房。

给排水与消防专业用房：废水泵房、消防泵房。

强电专业用房：变压器室、配电室、应急照明配电室。

弱电专业用房：机房、监控中心、消防控制室。

管理用房：办公室、卫生间、展览厅、会议室、值班室等。

（2）施作衬砌时，内轮廓表面必须平顺、光洁，以便进行隧道内壁装饰。隧道内壁边墙采用简易装修，使其对司乘人员进洞后视觉能起到诱导作用，提高行车安全和舒适性。隧道检修道顶面以上约 3.0 m 高度范围内采用装饰板进行内壁装饰。

（3）检修道顶面 3.5 m 以上拱墙喷涂深色隧道专用防火涂料，以期达到防火、消声、降噪作用。

（4）防火涂料施工工艺要求。① 衬砌内轮廓表面应平整、去尘、除污。② 按 1～2 次喷涂防火涂料并达到设计厚度。③ 防火涂料应喷涂均匀，表面光滑。

9.建筑材料

（1）混凝土应满足以下要求。① 抗渗等级：不得低于 P8。② 结构混凝土强度要求：拱墙、仰拱 C40 钢筋混凝土；仰拱填充 C20 素混凝土、沟槽身 C30 钢筋砼、盖板 C30 钢筋混凝土；喷射 C25 混凝土。

（2）锚杆。① 系统锚杆采用 φ25 中空注浆锚杆、φ22 药卷锚杆、φ42、φ50 注浆小导管。② 锚杆技术要求：必须满足现行《中空锚杆技术条件》相关规定，且锚杆用砂浆强度等级不低于 M20。③ 锚杆必须设置钢垫板、锚头、止浆塞等配件，垫板尺寸 150 mm × 150 mm × 8 mm。

（3）超前小导管采用 φ42、φ50 无缝钢花管，壁厚分别为 4 mm、5 mm。

（4）超前锚杆采用 φ22 砂浆锚杆。

（5）大管棚采用φ108钢花管，壁厚6 mm。

（6）钢筋。钢筋采用HPB300热轧钢筋（fy=270 N/mm^2）和HRB400热轧钢筋（fy=360 N/mm^2）。主体结构纵向受力钢筋的抗拉强度实测值与屈服强度实测值的比值不应小于1.25；钢筋的屈服强度实测值与屈服强度标准值的比值不应大于1.3，且钢筋在最大拉力下的总伸长率实测值不应小于9%。钢筋材质及性能应分别符合现行国家标准《钢筋混凝土用钢第1部分：热轧光圆钢筋》《钢筋混凝土用钢第2部分：热轧带肋钢筋》。型钢采用Q235B。钢结构及钢连接件应进行防锈处理。吊钩及预埋件等不应采用冷加工钢筋。

（7）焊条。用电弧焊接Q235-B钢和HPB300级钢筋时采用E43系列焊条，焊接HRB400级钢筋时采用E55系列焊条。焊接应满足《钢筋焊接及验收规程》及有关规定。

（8）主要防排水材料。防排水材料性能指标应满足《地下工程防水技术规范》相关要求。① 防水层（防水板+无纺布）。a. 防水板：高分子复合自粘防水卷材，厚度≥1.5 mm、幅宽2 m；断裂拉伸强度：≥100 N/10 mm；撕裂强度：≥120 N/10 mm；断裂伸长率：≥400%；低温弯折性：≤-20 ℃，无裂纹；不透水性：压力0.3 MPa，保持时间120 min，不透水。b. 无纺布：重量≥350 g/m^2。② 中埋式橡胶止水带。宽度不小于250 mm，厚度不小于8 mm；硬度变化（邵尔A，度）为60±5；拉伸强度≥12 MPa；断裂延伸率≥450%；压缩永久变形（70 ℃×24 h）≤30%；撕裂强度≥25 KN/m；脆性温度≤-45 ℃；热空气老化（70 ℃×168 h）：硬度变化（邵尔A，度）≤+6，拉伸强度≥12 MPa，扯断伸长率≥400%；耐碱性（饱和CaOH$_2$溶液23 ℃×168 h）：硬度变化（邵尔A，度）≤+6，拉伸强度≥12 MPa，扯断伸长率≥400%；臭氧老化为50 pphm（20%，40 ℃，48 h），无龟裂。③ 背贴式橡胶止水带。宽度不小于300 mm，厚度不小于8 mm；硬度变化（邵尔A，度）为60±5；拉伸强度≥12 MPa；断裂延伸率≥450%；压缩永久变形（70 ℃×24 h）≤30%；撕裂强度≥25 N/mm；脆性温度≤-45 ℃；热空气老化（70 ℃×168 h）：硬度变化（邵尔A，度）≤+6，拉伸强度≥10 MPa，扯断伸长率≥400%；耐碱性（饱和CaOH$_2$溶液23 ℃×168 h）：硬度变化（邵尔A，度）≤+6，拉伸强度≥10 MPa，扯断伸长率≥400%；臭氧老化为50 pphm（20%，40 ℃，48 h），无龟裂。④ 中埋式钢边橡胶止水带。宽度不小于240 mm，厚度不小于10 mm，硬度变化（邵尔A，度）为60±5；拉伸强度≥18 MPa；断裂延伸率≥450%；压缩永久变形（70 ℃×24 h）≤35%；撕裂强度≥35 N/mm；拉伸永久变形（700×24 h，拉伸100%）≤20%；热空气老化（70 ℃×168 h）：硬度变化（邵尔A，度）≤+6，拉伸强度≥12 MPa，扯断伸长率

≥400%；耐碱性（饱和CaOH₂溶液23 ℃×168 h）：硬度变化（邵尔A，度）≤+6，拉伸强度≥12 MPa，扯断伸长率≥400%；臭氧老化为50 pphm（20%，40 ℃，48 h），无龟裂；橡胶与金属粘合为R型破坏。⑤嵌缝材料。双组份聚硫密封胶，最大拉伸强度≥0.2 MPa，最大伸长率≥300%，且拉、压循环性能为80 ℃时拉伸-压缩率不小于±20%。⑥环向盲管：φ160PE半圆排水管（外裹无纺布，重量≥100 g/m²）。⑦纵向盲管：φ160PE双壁打孔波纹管（外裹无纺布，重量≥100 g/m²）；横向导水管：φ100PE双壁波纹管。

（9）防火涂料。①隧道专用防火涂料。②防火涂料性能要求：混凝土耐火极限的试验升温曲线采用RABT标准升温曲线，判断标准为受火2小时后，距离混凝土底面25 mm处钢筋的温度不超过300 ℃，混凝土表面不超过380 ℃。

10. 机电设施安装

该隧道机电工程主要包括隧道运营通风、照明、供配电、消防设施等，与之匹配的机电设备箱室均安装于衬砌边墙内或悬挂于边墙上。

11. 施工监控量测

隧道施工期间应开展监控量测，并将监控量测作为关键工序纳入现场施工组织设计，施工过程中应及时反馈监控量测信息，为隧道信息化设计与施工提供依据，最终达到隧道施工安全、结构稳定可靠、规避施工风险、减少工程投资的目的。为维护监控量测工作的严肃性，确保监控量测数据的可靠性，为隧道信息化设计与施工提供依据，最终达到隧道施工安全、结构稳定可靠、规避施工风险、减少工程投资的目的，建议由业主单位委托第三方担任本隧施工期间监控量测工作。

1）监测目的

（1）确保施工安全及隧道衬砌结构的长期稳定性。

（2）验证支护结构效果，确认支护参数和施工方法的准确性和适用性，并为调整支护参数和施工方法提供依据。

（3）确定二次衬砌最佳施作时间。

（4）有效控制隧道工程施工对周围环境及对隧道衬砌结构稳定的影响。

（5）积累量测数据，为隧道信息化设计与施工提供依据。

（6）通过监控量测，预测施工中可能出现的地面沉降、拱顶下沉、初期支护变形侵限、隧道结构裂损、变形等问题，以便及时采取工程措施，必要时调整支护参数，防止坍塌、初期支护变形过大而造成安全事故和质量问题的发生。

2）监测项目

一般地段应进行必测项目的量测，这类量测是为了确保在施工过程中的围岩稳定和施工安全而进行的经常性量测工作，量测密度大，量测信息直观可靠，贯穿在整个施工过程中，对监测围岩稳定、指导设计和施工有较大的作用；在地质条件差和地质构造带等特殊段落尚需开展选测项目的量测，这类量测是必测项目的拓展和补充，以便更深入地掌握围岩稳定状态与支护效果。对未开挖地段提供参考信息，指导后续施工，选择项目安装埋设测件比较麻烦，量测项目较多、时间长、费用较大，但工程竣工后还可以进行长期观测。其具体内容有如下几个方面。

（1）必测项目。① 观察隧道浅埋区段的地表沉降，必要时建立观测系统，进行地表沉降和裂缝观测。② 进行掌子面的地质观测和记录，核对与设计是否吻合。③ 进行隧道拱顶下沉、隧道净空收敛量测。④ 记录锚杆施工情况，采用锚杆拉拔试验，抽查锚杆和锚杆施工质量。⑤ 洞身地面建（构）筑物地基沉降、隧道结构变形、爆破振速、炮损炮裂等监测。

（2）选测项目。① 围岩内部位移量测。② 锚杆轴力量测。③ 围岩与喷射混凝土间接触压力量测、喷射混凝土与二次衬砌间接触压力量测。④ 喷射混凝土内应力量测、二次衬砌内应力量测、钢架内力量测。

12.隧道超前预报

隧道工程地质及水文地质条件较复杂，为探明隧道的不良地质范围、是否存在地下水突涌、破碎带以及溶洞等不利工程安全情况，有效降低施工阶段由不良地质引发的风险，设计采用掌子面地质素描、超前探孔、加深炮孔为主的预报方法，辅以TSP超前地质预报（隧道地震探测仪）、地质雷达探测等超前地质预报方法，对掌子面前方的工程地质及水文地质情况进行预报。

1）超前地质预报方法

超前地质预报采用分级管理，在实施过程中应结合各隧道具体条件确定。超前地质预报采取以地质调查分析法为基础，结合TSP、地质雷达等物探手段，辅以超前钻孔等综合地质预报手段，遵循长短结合、以短为主的原则，对各种方法预报结果综合分析，相互验证，尽可能查清掌子面前方地质情况及可能发生的地质灾害，提前做出判定，提出处理措施，保证施工安全。

表 4.11 地质预测预报分级

地质预测预报分级影响因素		地质预测预报分级			
		A	B	C	D
地质复杂程度（含物探异常）	岩溶发育程度	极强，厚层块状质纯灰岩，大型溶洞、暗河发育，岩溶密度每平方千米>15个，最大泉流量>50 L/s，钻孔岩溶率>10%	强烈，中厚层灰岩夹白云岩地表溶洞落水洞密集、地下以管道水为主，岩溶密度每平方千米5~15个，最大泉流量10~50 L/s，钻孔岩溶率5%~10%	中等，中薄层灰岩，地表出现溶洞，岩溶密度每平方千米1~5个，最大泉流量5~10 L/s，钻孔岩溶率2%~5%	微弱，不纯灰岩与碎屑岩互层，地表地下以溶隙为主，最大泉流量<5L/s，钻孔岩溶率<2%
	涌水涌泥程度	特大突水（涌水量>$1×10^5$ m³/d）、大型突水（涌水量$1×10^4$~$1×10^5$ m³/d）、突泥，高水压	中小型突水（涌水量$1×10^3$~$1×10^4$ m³/d）、突泥	小型涌水（涌水量$1×10^2$~$1×10^3$ m³/d）、涌泥	涌水量<$1×10^2$ m³/d，涌突水可能性极小
	断层稳定程度	大型断层破碎带、自稳能力差、富水，可能引起大型失稳坍塌	中型断层带，软弱，中~弱富水，可能引起中型坍塌	中小型断层，弱富水，可能引起小型坍塌	中小型断层，无水，无掉块
	地应力影响程度	极高应力，严重岩爆（岩石点荷载强度与围岩最大切向应力的比值<0.083），大变形	高应力，中等岩爆（岩石点荷载强度与围岩最大切向应力的比值0.083~0.15），中~弱变形	弱岩爆（岩石点荷载强度与围岩最大切向应力的比值0.15~0.20），轻微变形	无岩爆（岩石点荷载强度与围岩最大切向应力的比值>0.20），无变形
	瓦斯影响程度	瓦斯突出：瓦斯压力$P≥0.74$ Mpa，瓦斯放散初速度≥10，煤的坚固性系数$f≤0.5$，煤的破坏类型为Ⅲ类及以上	高瓦斯：全工区的瓦斯涌出量≥0.5 m³/min	低瓦斯：全工区的瓦斯涌出量<0.5 m³/min	无
地质因素对隧道施工影响程度		危及施工安全，可能造成重大安全事故	存在安全隐患	可能存在安全问题	局部可能存在安全问题

地质预测预报分级影响因素	地质预测预报分级			
	A	B	C	D
诱发环境问题的程度	可能造成重大环境灾害	施工、防治不当，可能诱发一般环境问题	特殊情况下可能出现一般环境问题	无
超前地质预报方式	采用地质分析法、弹性波反射法（地震波法、水平声波剖面法、陆地声纳法）、地质雷达法、高分辨直流电法、瞬变电磁法、激发极化法、超前水平钻探法等进行综合预报	采用地质分析法、弹性波反射法（地震波法、水平声波剖面法、陆地声纳法），辅以高分辨直流电法、瞬变电磁法、激发极化法、地质雷达法，必要时进行超前水平钻孔	以地质分析法为主。对重要地质层界面、断层或物探异常地段宜采用弹性波反射法（地震波法、水平声波剖面法、陆地声纳法）进行探测，必要时采用超前水平钻孔	采用地质分析法，必要时补充其他方法。

2）超前地质预报内容

隧道超前地质预报内容应包含下列主要内容。

（1）地层岩性预报：特别是对软弱夹层、破碎地层、煤层及特殊性岩土的岩性预报。

（2）地质构造预报：特别是对断层、节理裂隙密集带、褶皱等影响岩体完整性的构造发育情况的预报。

（3）不良地质的预报：特别是对岩溶、人为坑洞等发育情况的预报。

（4）地下水预报：特别是对岩溶管道及富水断层、富水褶皱、富水地层中的裂隙水发育情况的预报。

3）隧道突涌水

采用掌子面地质素描、超前探孔、加深炮孔为主的预报方法，辅以TSP等超前物探手段，探明掌子面前方突涌水风险。

13. 环境保护

隧道施工中采取保护自然生态环境不被破坏，采取防止水环境污染、空气污染、固体废弃物污染的措施，意义十分重大。

（1）隧道洞口工程设计尽量降低边仰坡开挖高度，以减少对洞口环境的破坏。开挖坡面时在地质条件允许的情况下，采用骨架护坡植草防护，尽可能恢复洞口植被。

（2）隧道弃碴应对洞碴进行分选，各项指标满足建筑材料要求的应作为建筑材料集中堆放，不满足建材要求的作为多余弃碴运至建设单位指定的弃碴场集中弃置。碴场来水坡面设置截水天沟，并做好碴场排水系统，以防止弃碴流失，污染环境。

（3）碴场坡面及顶面均予以绿化。

（4）弃碴前应对碴场内地表浮土或耕植土进行清除并集中堆放，待弃碴完成后将其被覆至弃碴顶面，便于绿化。

施工期间应采取以下环保措施。

（1）防止水污染。① 施工前做好施工期间临时排水设施，防止施工废水四溢。② 现场设置专用油漆、油料库，储存、使用、保管专人负责。库房地、墙面做好防渗漏处理，防止油料跑、冒、滴、漏，污染受纳水体。③ 施工中产生的废渣、废液，应严格按有关环保要求进行处理后方可排放，不得随意弃置排放。④ 隧道施工场地布置中，在左、右隧各工区洞门外合适位置设置污水处理池各一处。

（2）防止空气污染。① 所有施工机械应做好检修工作，废气的排放必须符合废气排放监测标准。工地内严禁焚烧垃圾及其他有毒有害物质。② 对易产生粉尘、扬尘的作业面和装卸、运输过程，采取洒水降尘措施。合理组织施工，扬尘的作业、运输应避开敏感点和敏感时段。

（3）防止固体废弃物污染。① 施工完毕，将剩余的材料进行回收，严禁抛洒泡沫材料，防止白色污染。② 施工现场设置集体食堂，食堂内统一设垃圾桶，剩饭与垃圾集中装袋，并设排污处理系统。③ 通过制定有关规定，对施工车辆等其他装有易散落物车辆的行驶，采取封装运输方式，防止固体废弃物洒落路面，污染环境。

（4）防止振动及噪声污染。噪声污染是一种物理污染，具有两种特征：噪声源一旦停止工作，噪声污染便立即消失；人们感受噪声的强弱与噪声源距离的平方成正比。① 隧道施工过程中应采用控制爆破技术，严格控制开挖循环进尺和爆破装药量，以减少对周边建筑及居民正常生产生活秩序的影响。② 备用发电机和锯木机应搭设隔音棚，尽量降低发电机和锯木机在使用过程中产生的噪声污染。

14. 隧道施工

（1）隧道施工。隧道明洞段采用明挖法施工，施工前应做好交通疏解及管线迁改，拟采用灌注桩或钢管桩进行超前支护，明洞段基坑采用锚喷支护，上部基坑设置锚索，下部设置岩石锚杆。Ⅵ级围岩采用双侧壁导坑法开挖，Ⅴ级围岩采用 CRD 法开挖，Ⅳ级围岩采用 CD 法、台阶法开挖，左右侧导洞掌子面间距不小于 15 m，施工开挖应进行超前钻探，并做好超前支护；Ⅲ级围岩采用台阶法开挖，上下台阶间距6~8 m。

当顶部围岩破碎，施工支护需紧跟时可适当延长，减少施工干扰。施工过程中应严格控制超、欠挖，初期支护应及时可靠，二次衬砌应根据监控量测结果适时施作，尽早封闭成环。对于软弱围岩段在施工中要坚持弱爆破、短开挖、强支护、早封闭、衬砌紧跟的原则，防止岩体拥塌，在施工中各工序紧跟，不能脱节。施工中应加强围岩监控量测，结合反馈信息及时优化调整设计参数，以确保结构稳定与施工安全。

（2）施工通风。隧道施工通风的目的是更换和净化洞内空气，供给洞内足够的新鲜空气，并冲淡、排除有害气体和降低粉尘浓度，降低洞内温度，以改善劳动条件，保障施工作业人员身体健康、保证正常的安全生产，并提高劳动生产率。

隧道施工时应采取通风、防尘等措施，定期检测通风的风量、风速、风压，检查通风设备的供风能力和动力消耗，并定期测试粉尘和有害气体的浓度。

（3）施工地下水防控。该隧道施工过程中严格控制地下水流失，对于点状出水采用径向注浆堵水，若水量较大，可调整注浆工艺及材料，必要时可采用超前深孔注浆、帷幕注浆等方式，施工中严禁带水作业。

（4）不良地形、地质处理措施。① 洞口浅埋的处理措施：采用小导管或大管棚超前支护、严格执行施工工序等。② 断层破碎带的处理措施：加强超前地质预报与施工监控量测、调整施工工序、加强结构支护措施、加强超前支护。

（5）隧道均采用锚喷构筑法施工，对结构支护体系的稳定性进行监测分析，并按仰拱超前的原则组织施工。仰拱混凝土应按超前二次衬砌1~3个衬砌循环施作，拱墙二次衬砌采用一次立模灌注成形。该隧道围岩地质条件较差，施工时要求采用短台阶开挖，做到短进尺，弱爆破，初期支护尽早封闭成环，及时施作仰拱及填充，二衬紧跟。

（6）隧道开挖、支护、衬砌、监控量测，须严格按《公路隧道施工技术规范》相关要求办理。

（7）为保证隧道施工安全、及时调整和优化设计、实现信息化施工，施工期间应加强施工地质工作，并实施综合超前地质预报，将其纳入正常施工工序进行施工管理。通过超前地质预测预报，核实和预测掌子面前方的地质条件，以便及时调整工程措施，确保施工及结构安全。结合该隧道工程地质、水文地质条件，施工中应开展超前地质预测预报工作。

15. 工程筹划

该项目主线小珠山隧道长度4 320 m，为满足工期要求，隧道设置一座斜井，斜井长度约900 m，洞口位于生态保护红线以外，剩余隧道由洞口或明挖段提供工作

面，隧道总工期为2.5年。

五、隧道通风

（一）设计原则

（1）正常行车和发生交通阻塞时，隧道通风系统应提供足够的新风量，稀释隧道内车辆行驶时排出的废气，使洞内CO浓度、烟雾浓度满足行车安全要求和人员卫生要求，同时控制隧道内温度上升，防止洞内过热。

（2）在火灾事故情况下，通风系统应具有排烟功能，并能控制烟雾和热量的扩散，而且为逗留在隧道内的乘用人员、消防人员提供一定的新风量，为司乘人员安全疏散及消防人员救援创造条件。

（3）根据公路等级、隧道长度、设计速度、设计交通量、车道数、平纵线性、地形地质、隧道海拔高程、隧址区域自然条件等因素，进行技术经济综合比较，在确保通风设备可靠性及节能运行、节约工程投资的条件下优选适当的通风方式。

（4）积极慎重地采用新理论、新技术、新材料、新设备、新工艺，使所选隧道通风系统达到安全实用、质量可靠、经济合理、技术先进的要求。

（5）控制工程对于环境质量的影响，使其能满足环保及节能方面的要求。

（二）主要设计标准

1）隧道内通风卫生标准

通风标准在本次设计中参考PIARC的推荐值，在我国现行的《公路隧道通风设计细则》JTG/TD70/2-02-2014的基础上适当提高，结合该隧道的具体条件及国内既有城市道路隧道通风的实际效果综合确定。

表4.12 通风卫生标准

交通工况	车速（km/h）	CO浓度（cm³/m³）	烟雾浓度/（m⁻¹）
正常	60~80	100	0.006 5
慢速	30	100	0.012
全程怠速	20	100	0.012
局部阻滞（$L \leq 1\,000$ m）	10	150（≤ 20 min）	0.012
火灾排烟	同时只发生一处火灾，火灾热释放量：20 MW		
换气次数	3次/小时		

2）尾气排放标准

尾气排放标准参照《公路隧道通风设计细则》（JTG/T D70/2-02—2014）的相关推荐，如表4.13所示。

表4.13　尾气排放标准

项目	基准排放量	折减系数	年限			
			2021	2030	2031	2041
CO	0.007 m³/辆·km（运营工况）	2%（自2000年开始折减，最大年限不超过30年）	0.004 6	0.003 8	0.003 8	0.003 8
	0.015 m³/辆·km（运营工况）		0.009 8	0.008 2	0.008 2	0.008 2
VI	2 m²/辆·km（运营工况）		1.309	1.091	1.091	1.091

3）火灾规模

一般来说，单向行车发生火灾的概率不高，近年来欧洲发生严重火灾事故的多数为双向交通隧道，而且这些隧道设施较旧。隧道发生火灾时因为汽车可能载满汽油或者货物，其火灾规模或者热释放量比一般建筑物的设计参数高。根据PIARC的相关建议，不同种类的汽车火灾规模如表4.14所示。

表4.14　PIARC 火灾模式

火源（汽车类型）	火灾功率（MW）
汽车，小客车	3
运货汽车	10
卡车，公共汽车	20
油罐车	50～100

调研国内多条公路隧道，结合该项目交通组成以小客车为主，同时参考《公路隧道通风设计细则》（JTG/T D70/2-02—2014）的相关要求，隧道通风按同时仅一处火灾进行设计，火灾规模为20 MW。

4）排烟量

火灾排烟量不能小于火灾烟气的生成量，火灾烟气生成量主要取决于火源上方烟气羽流的质量流量。依据《建筑防烟排烟技术标准》（GB 51251—2017），羽流流量计算如下：

$$Z>Z_1=0.166Q_c^{2/5}时，M_\rho=0.071Q_c^{1/3}Z^{3/5}+0.0018Q_c$$

式中，

M_ρ—烟缕质量流量（kg/s）；

Q—火源热释放率（kw）；

Z_1—火源极限高度（m）；

Z—燃料面到烟气底层高度；

$$\Delta T=KQ_c/M_\rho\times C_p$$

式中，

ΔT—烟气平均温度与环境温度之差（℃）；

C_p—空气定压比热，取值1.01；

K—烟气中对流放热量因子。机械排烟，$K=1.0$；自然排烟，$K=0.5$。

$$V=M_\rho T/\rho_0 T_0$$

式中，

V—烟气量（m³/s）；

ρ—空气密度；

T—环境温度（K）；

T—烟气绝对温度（K）；

《公路隧道通风设计细则》JTG/TD70/2-02-2014中对排烟规定有如下内容。

（1）采用纵向排烟的公路隧道，火灾排烟需风量按下式计算。

$$Q_{req（f）}=A_r·V_c$$

式中，

$Q_{req（f）}$—隧道火灾排烟需风量（m³/s）；

A_r—隧道净空断面积（m²）；

V_c—隧道火灾临界风速（m/s）。

（2）采用全横向、半横向及集中排烟的公路隧道，火灾烟雾生成率可按表4.15取值。

表 4.15　火灾烟雾生成率

火灾热释放率（MW）	20	30	50
烟雾生成率（m³/s）	50～60	60～80	80～100

（3）采用纵向排烟的公路隧道，火灾临界风速可按表4.16取值。

表 4.16 火灾临界风速

热释放率（MW）	20	30	50
火灾临界风速V_c（m/s）	2.0～3.0	3.0～4.0	4.0～5.0

5）交通阻滞标准

该项目中的特长隧道要考虑交通阻滞，因道路等级为一级公路，故设计时要考虑出现全程怠速行驶（20 km/h）的情况。中、短隧道依据《公路隧道通风设计细则》JTG/TD70/2-02-2014相关要求，长度小于等于1 000 m的隧道可不考虑交通阻滞。

对于交通阻滞（20 km/h）工况，若考虑出现全程阻滞工况，需配置大规模通风设施，为满足特殊工况，势必造成过量的通风设施长期闲置，这显然是浪费的。运营期间应有效利用完善的监控系统以避免全程阻滞，一旦出现，应立即采取交通管制措施，限制车辆进入隧道。

本次设计考虑交通阻滞工况阻滞段长度为1 km，针对阻滞段的不同位置进行试算，其余路段行车速度按60 km/h考虑，阻滞段交通量按照下式进行计算。

$$L_{距}=l_{反}+l_{制}+l_{安}+l_{车}=\frac{v \cdot t}{3.6}+\frac{v^2}{254 \cdot \varphi}+l_{安}+l_{车}$$

$$N=v \cdot K$$

式中，N——计算交通量；$l_{反}$——司机在反应时间内车辆行驶的距离（m）；$l_{制}$——车辆的制动距离（m）；$l_{安}$——车辆间的安全距离（m），可取2 m；$l_{车}$——车辆平均长度（m），可用均值5 m；v——行车速度（km/h），20 km/h；t——司机反应时间（s），可取1.2 s；φ——轮胎与路面间的附着系数，可取0.9；K——平均密度（量/千米）。

6）风速标准

采用纵向通风的隧道内换气风速不应低于1.5 m/s，隧道空间最小换气频率不应低于每小时3次。单向交通隧道的设计风速不宜大于10.0 m/s，特殊情况不应大于12.0 m/s；双向交通隧道的设计风速不应大于8.0 m/s；设有专用人行道的隧道设计风速不应大于7.0 m/s。

7）噪声标准

隧道通风设备传至隧道内噪声标准参考现行的《公路隧道通风设计细则》JTG/TD70/2-02-2014对通风设备噪声的要求及《工业企业卫生设计标准》（GBZ 1—2010），相关标准为≤90 dB（A）。

通风设备传至隧道外噪声标准按2类地区考虑：昼间≤60 dB（A），夜间≤50 dB（A）。

8）环境空气质量标准

该工程执行现行的《环境空气质量标准》GB3095中二级标准为：

CO：小时平均：10 mg/m³　　日平均：4 mg/m³

NO_2：小时平均：0.24 mg/m³　　日平均：0.12 mg/m³

9）主要室外气象参数

该项目区域年平均气温在12.7 ℃左右，冬季通风室外计算气温–0.5 ℃左右，夏季通风室外计算气温27.3 ℃。该项目区全年最多风向为S向，夏季最多风向为S向，冬季最多风向为N向。

（三）隧道通风方式

城市隧道的通风方式主要取决于隧道长度、纵坡、交通流量、交通方式等因素。此外，还需考虑洞口环境保护、隧道施工方法、火灾要求等因素。根据隧道风道的设置形式、气流组织方式、通风机械的配置情况等区别，隧道的机械通风方式又可以分为纵向式通风、全横向式通风、半横向式通风三种基本方式。

1）纵向式通风

纵向式通风是使隧道气流在行车道内纵向流动的一种通风方式，特别适用于单向行车的隧道。纵向式通风的代表形式有射流风机全纵向通风、洞口风道集中送入通风、竖井集中排出式通风以及竖井送排式通风等。

近年来，随着国内公路建设的飞速发展，以全射流通风方式为主导的纵向式通风的适用范围由原来的2 km发展到现在的4~5 km。全射流纵向式通风方案由于可以充分利用车辆活塞风作用，无需修建专用的风井、风机房和风道等，因而具有投资省、能耗低、运行调节灵活等明显的优点。隧道发生火灾时，开启射流风机进行纵向通风，通风风速应大于阻挡烟气回流的临界风速，可以保证位于火灾点前方的车辆迅速向前疏散，位于火灾点后方的车辆位于新风区，不受烟气和热流的笼罩，可从隧道入口方向安全撤离。由于全射流纵向式通风方式的诸多优点，在公路隧道中得到广泛的应用。

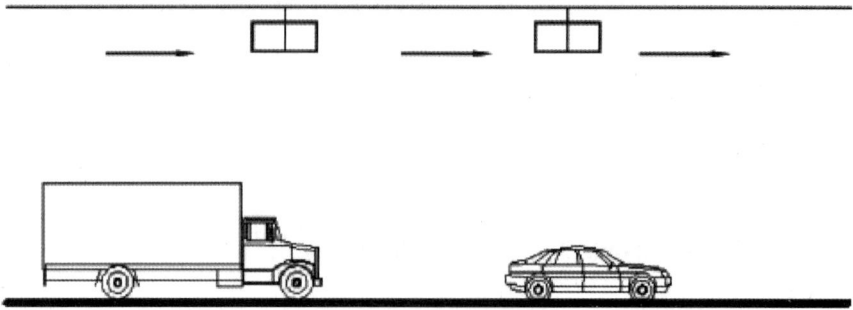

图4.59 纵向式通风示意图

2）全横向式通风

该系统安全可靠、性能稳定，不受通风长度的限制。这种通风方式同时设置送风道和排风道，隧道内基本上不产生沿纵向流动的气流，只有横向气流，而且污染物浓度沿全隧道分布均匀。相比纵向式通风方式，这种方式能相对较有效地控制空气卫生品质及火灾时的有效排烟。因此，无论从行车的安全性还是舒适性来说，这都是一种最好的通风方式。但其庞大的通风管道使隧道所需的断面积也随之变得很大，同时全横向风道较长，风机总功率较高，导致运行费用过高，该项目不推荐采用。

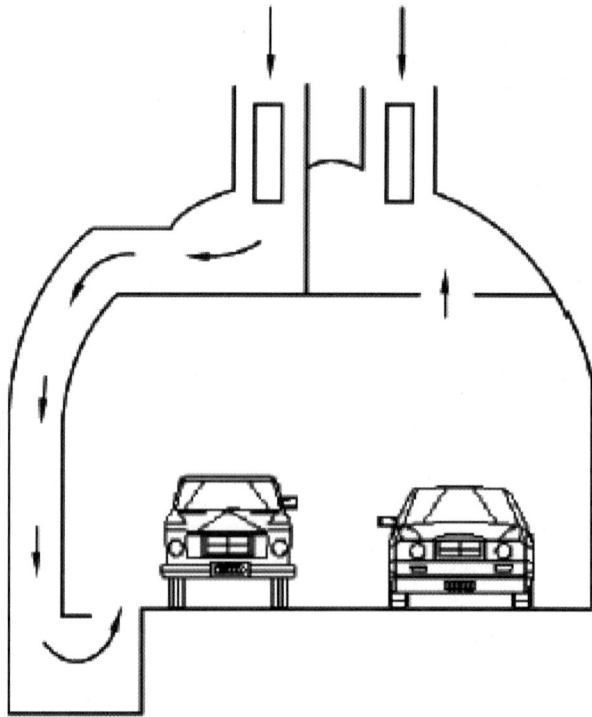

图4.60 全横向式通风示意图

3）半横向式通风

利用隧道作为进风或排风道，只需设置排风道或进风道，隧道断面介于全横向通风和纵向通风之间，可以利用部分活塞风作用。半横向式通风，可使隧道内的污染物浓度大体上接近一致。

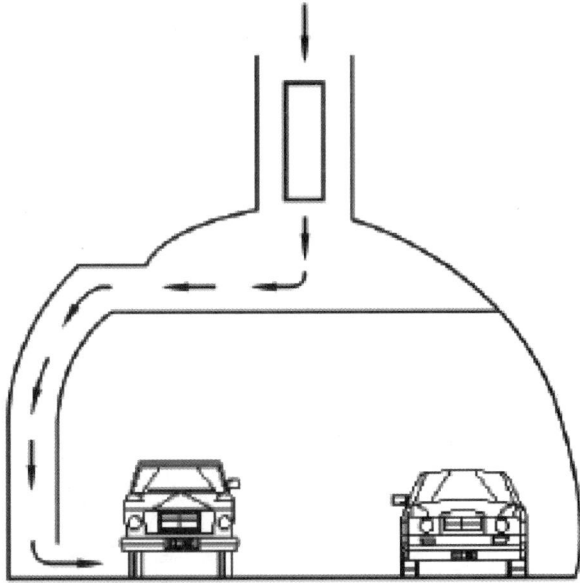

图4.61　半横向式通风示意图

（四）隧道通风方案比选

结合隧道计算需风量，对隧道纵坡、洞内通风质量、隧道进出口环境条件、技术经济等各种情况综合考虑，拟定多种通风方案进行比选。受风道面积的限制，排除全横向式。初步拟定采用纵向式通风方案，风井的选取综合考虑通风、地形条件、规划用地及征地拆迁等因素。该项目中的中隧道及短隧道，采用全纵向式通风方式。

该项目中的特长隧道，考虑技术切实可行，经济合理的条件下，拟定如下通风方案进行比选。

1.推荐方案一：全纵向通风

该方案案因车流方向与风向相同，可以充分利用车辆活塞风作用。在火灾情况下，隧道也采用纵向式通风。

图 4.62　方案一通风系统简图

2. 比选方案二：通风井排出式

该方案在隧道中部设置一座排风井，并在中部区域内采用半横向通风方式，两端采用不大于 3 km 的纵向通风。在火灾情况下，隧道采用两段排烟，最大排烟长度小于 3 km。

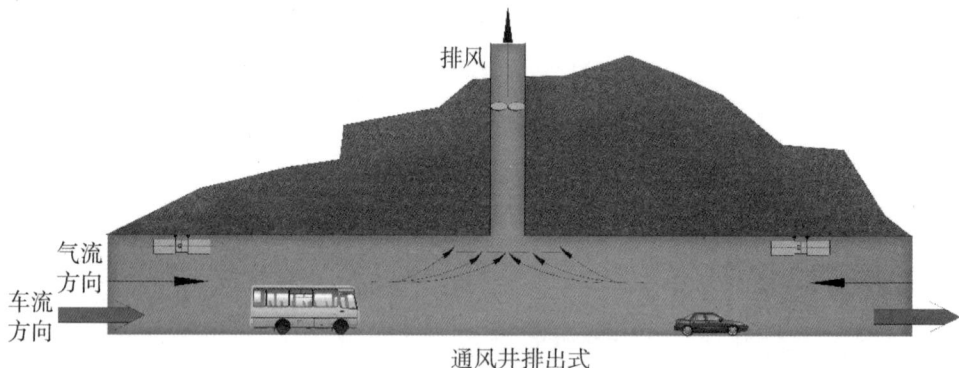

图 4.63　方案二通风系统简图

该部分将从活塞风利用、排烟效果、土建工程量、技术难度等方面对上述方案进行综合比选，结果如表4.17所示。

表 4.17　方案比较汇总

特性比较	方案一	方案二
主要方案	全纵向通风	通风井排出式
活塞风利用	很好	很好
排烟效果	排烟一般	排烟较好
土建工程量	低	高
技术难度	低	稍难

续表

特性比较	方案一	方案二
运营费用	低	一般
设备参数	射流风机710型：风量14.6 m³/s，功率：22 kW，218台	710型：风量14.6 m³/s，功率22 kW，162台。轴流风机：风量150 m³/s，功率280 kW，6台
综合比较	此方案通风效果一般，但初投资低，运行费用低。此方案需要消防及环保部门认可后方可实施	此方案通风效果较好，但土建投资较高，设备投资及运行费用高

综上所述，在满足洞口环评的前提下，该隧道推荐采用全纵向通风方案。

（五）通风控制方式

1）正常运营工况

汽车以（60～80）km/h的速度行驶时，可根据隧道内CO/VI检测仪开启部分射流风机和轴流风机。

2）怠速行驶及阻塞工况

该工况下，由于隧道内车速较低，隧道内车流量密度较大，汽车污染物增加，需开启通风系统。

3）火灾工况

（1）排烟方案。运营通风系统与火灾通风系统采用同一套通风设备。根据运营通风的分段，采用分段排烟方式。一旦隧道发生火灾，隧道暂时关闭，左右线隧道都只允许车辆和人员撤出隧道，严禁车辆进入隧道。通风系统进入排烟允许程序，及时有效地控制烟雾的流动并迅速排除隧道。

（2）火灾通风排烟。在火灾初期，调整通风系统降低风速，避免烟雾扩散太快，有利于着火点附近的人员疏散。着火点前的车辆继续行驶，向前从隧道出口疏散。着火点后的车辆停止前进，人员从最近的车行、人行横通道疏散。通风系统调整风速至临界风速，控制烟雾流向前方。车辆、人员疏散完后，消防人员通过横通道进入着火点实施灭火，通风系统保持临界风速。火灾扑灭后，通风系统按最大通风量运行，快速将烟雾从前方的排风口排出。

（六）管理用房、地下风机房通风排烟设计

管理用房、地下风机房各房间应进行通风换气，其通风换气标准如下：泵房按照5次/小时的换气次数进行排风，电力用房按照排除余热计算需风量，地下风机房按照6次/小时考虑。

隧道洞内变电所及地下风机房等附属设施应设置机械排烟系统，排烟标准为每个防烟分区的消防排烟标准60 m³/m²·h，补风量为排烟量的50%。

六、隧道给水排水、消防

（一）设计采用的主要规范

《建筑设计防火规范》（GB 50016—2014）；

《消防给水及消火栓系统技术规范》（GB 50974—2014）；

《泡沫灭火系统设计规范》（GB 50151—2010）；

《建筑灭火器配置设计规范》（GB 50140—2005）；

《公路隧道设计规范》（JTG D70/2—2014）；

《公路隧道施工技术规范》（JTG/T —2020）；

《公路隧道设计规范第二册交通工程与附属设施》（JTG D70/2—2014）；

《建筑给水排水设计标准》（GB 50015—2019）；

《室外排水设计标准》（GB 50014—2021）；

根据隧道单洞长度和设计年度预测隧道单洞年平均日交通量两个因素，隧道按A或B等级设计消防设施。隧道主要设置的消防设施包括消火栓系统、水成膜泡沫灭火装置、手提式干粉灭火器。

（二）消防用水量

设计火灾延续时间为4 h，隧道内消防用水量为20 L/s，隧道洞口外的消火栓用水量为30 L/s，隧道一次消防用水量为720 m³。

消防管道内的消防供水压力应保证用水量达到最大时，最不利点水枪充实水柱不应小于10.0 m。消火栓栓口处的出水压力超过0.5 MPa时，应设置减压设施。

（三）隧道内消防设施

隧道主要消防设施由室内消火栓、水成膜泡沫灭火装置、手提式干粉灭火器、室外消火栓和消防供水管组成。

1）室内消火栓

消火栓箱设置于行车道右侧，每间隔40 m设置一处。消火栓箱内应配置1支喷嘴口径19 mm的水枪，1盘长25 m、直径65 mm的水带，并宜配置消防软管卷盘。

消火栓箱面板标明"消火栓"字样。消火栓的栓口距地面高度为1.1 m。

2）水成膜泡沫灭火装置

消防设备箱内配有PMZ30型30 L水成膜泡沫灭火装置一套、DN25消防水管一盘（25 m长，配有水枪）。泡沫混合液流量不应小于30 L/min，连续供水时间不应小于

20 min，射程不小于 6 m。

水成膜泡沫箱体外标有"泡沫灭火装置"字样。

3）手提式干粉灭火器

在隧道两侧均应设置灭火器，灭火器单侧设置间距不大于 50 m，每个设置点不应少于 4 具，灭火器为 MF4 型手提式干粉灭火器（8 kg 磷酸铵盐干粉灭火器）。

灭火器箱面板标有"灭火器"字样。

4）隧道口室外消火栓

在隧道口外设置 SS100/65-1.6 型地上式室外消火栓，供消防车取水之用，以配合灭火器和消火栓扑救较大的火灾。

5）供水管网

管网形式为环状管网给水系统，消防管网构成闭合环形、双向供水。管网保持常有水状态，一旦发生火灾，即可投入使用。隧道内消防干管采用涂塑钢管、卡箍链接。

（四）隧道消防供水系统

1）消防水源

隧道外敷设有市政供水管网，该工程考虑市政供水，作为室外消防水源。

隧道室内消防供水系统由消防水池、消防泵及稳压装置、水泵接合器和供水管网组成。隧道室内消防供水系统为临时高压给水系统。该设计采用设置稳压装置的方式保证隧道内消防水管的压力和流量。

2）消防水泵接合器

在隧道两端的进出口均设置室外消火栓和水泵接合器，以便发生火灾时向给水管网供水以及消防车向管道供水。

3）消防泵

消防水池旁设置消防水泵房，在泵房内设置消防水泵两台（一用一备），扬程应满足最不利点水枪充实水柱不应小于 10.0 m 的要求，且应满足管道内的消防供水压力保证在用水量达到最大时，最低压力不应小于 0.30 MPa。泵房内设置稳压装置，保证管网准工作状态的水压。

（五）隧道排水系统

隧道排水系统主要包括废水系统和雨水系统。排水采用合流制。

1）隧道废水系统

隧道废水系统主要是将隧道内消防废水、结构渗入水、冲洗水及管道泄水漏水等通过道路边沟自流到废水泵房的集水池内，通过潜污排水泵提升后排至室外污水检查井。在隧道最低点设废水泵房及集水池。

2）隧道雨水系统

隧道雨水系统用于排除隧道无顶棚段（西侧）U型槽段雨水。该工程废水泵房距离洞口较近，雨水通过横截沟排入废水泵房集水池内，通过潜污泵提升后排至室外污水检查井。有顶棚一侧的U型槽段，因变坡点位于顶棚范围内，所以洞口不考虑雨水流入。

七、隧道供配电和照明

（一）隧道供配电

1）供电电源

该工程地道应急照明、基本照明、环境监测及设备监控设施、火灾自动报警及消防联动设施等为一级负荷。设备用房内的照明、通风风机等为二级负荷。检修电源、空调设备等停电后不影响地道运行的设备负荷等级为三级。为保证工程供电要求，由电力系统接引两路10 kV电源供电，每路供电电源必须引自不同的上级变电站。主变压器设置采用一用一备，每一台变压器均能满足所有负荷的供电，且任意一条线路或变压器的检修停电不影响整个隧道的运行。

2）供电方案

在隧道洞口变配电室设置1处10 kV总配电室，分别从城市电网引入二路相互独立的10 kV可靠电源经10 kV总配电室后给隧道各个配电室供电。各个变配电室均设置两台10/0.4 kV电力变压器和10/0.4 kV变配电设备。变压器两常用，互为备用，任意一台均能满足所有消防负荷的用电。10/0.4 kV系统主接线均为单母线母联分段的接线方式。隧道内设置10 kV变配电室，变配电室应结合风机房、泵站贴临布置。10 kV配电采用放射式供电至各变配电室。

3）动力配电

动力设备供电采用放射式和树干式相结合的供电方式。对于通风机、水泵等大容量用电设备，由变电所低压母线或箱式变电站接引独立回路采用放射式供电，在大容量设备处设降压软启动装置；对于隧道内用电容量较小、比较分散的用电设备，可采用树干式供电方式对各用电设备供电。

4）应急电源系统

该项目隧道内应设置应急电源供电系统，以确保隧道事故情况下疏散及救援工作的安全进行。应急电源供电系统供电范围包括隧道内应急照明、诱导指示、监控设备等。隧道内采用成套应急电源装置供电，应急时间为1.5小时。

5）电线电缆选择及敷设

高、低压电缆均采用交联聚乙烯绝缘、聚烯烃护套无卤低烟阻燃铜芯电力电缆，消防用电设备电缆为交联聚乙烯绝缘、聚烯烃护套无卤低烟阻燃耐火铜芯电力电缆；低压电线采用交联聚乙烯绝缘无卤低烟阻燃铜芯电线。主要电缆在专设电缆通道内敷设，分支电缆采用穿热镀锌钢管敷设方式。

6）接地

低压配电系统采用TN-S接地系统。本工程设置综合接地，接地电阻不大于1欧姆。

（二）隧道照明

1）隧道照明标准

隧道设计时速80 km/h，照明按单向交通要求进行设计，根据《公路隧道照明设计细则》（JTGT D702-01—2014），隧道照明共分为6段，其中洞外亮度为4 750 cd/m²，隧道内各段亮度要求值如下：

入口段：TH_1亮度166.25 cd/m²，TH_2亮度83.125 cd/m²；

过渡一段：亮度24.94 cd/m²；

过渡二段：亮度8.31 cd/m²；

中间段：亮度4.5 cd/m²；

出口一段：亮度13.5 cd/m²；

出口二段：亮度22.5 cd/m²；

2）照明光源选择

照明光源选择现已在各国公路隧道广泛使用的LED灯作为隧道照明光源，采用满足隧道照明配光需要，防腐性能好，方便维护，防护等级达到IP65和功率系数大于0.9的照明灯具。

3）隧道照明布置方案

基本段灯具沿隧道两侧连续布置，出入口加强照明沿隧道两侧对称布置。入口段和出口段灯具采用不同规格灯具对称布置。

4）照明控制

既要保证隧道的舒适度、亮度要求，又要充分节约能源、降低运行费用。隧道基本照明控制采用定时、就地和遥控三种方式；出、入口照明采用照明控制仪进行光控、就地控制和遥控。

5）照明配电

隧道照明配电采用放射式方式，隧道内行车方向左侧约150米间隔设一面照明配电控制柜，分别沿纵向对隧道内各段照明灯具实施交叉配电。同一配电回路照明灯具三相均布，相邻两照明灯具接在不同回路。照明灯具额定电压为AC220V。

6）应急照明系统

根据《建筑设计防火规范》规定，城市交通隧道应设置消防应急照明灯具和疏散指示标志，以确保隧道事故情况下，疏散及救助工作的安全进行。

（1）应急电源。为保证隧道内的行车安全，防止在外电源突然失电的情况下发生意外交通事故，隧道照明系统中设置专用交流不间断电源装置，供电维持时间不低于1.5小时。

（2）应急照明。在隧道中设置集中式应急电源供电的隧道应急照明，安全通道应急照明及安全门疏散照明，平时开启常亮。沿隧道及人行横道间隔20米设置疏散标志灯，并由应急照明电源装置供电。隧道内应急照明亮度不低于基本亮度的1/4，以获得充分时间进行事故应急处理和交通管制。

7）照明节能

合理的照明方案和供配电系统是有效节能的前提。通过合理布置照明灯具、优化照明控制和照明供配电系统等措施，以实现降低照明用电能耗。

隧道照明灯具设单灯补偿，以提高功率因数，减少无功损耗。积极采用绿色节能设备和电源装置等措施，有效节能。

八、隧道监控

（一）监控系统组成

隧道综合监控系统通过高度集成的中央计算机和网络系统，采用整体统一的隧道综合监控应用软件实现对各个子系统的统一综合监控，实现各个子系统在管理应用层面的一体化综合集成。隧道综合监控系统包括以下子系统：中央计算机系统（中央控制室设备）；设备监控子系统（含电力、通风、照明、水泵等控制）；交通监控子系统；视频监控子系统；通信子系统（含有线电话、无线通信、广播）；火灾自动报警子系统。

（二）监控系统设计原则

（1）确保隧道正常运营、行车安全、人身安全以及提高车辆通过能力为目的，实现疏导交通、防灾和救灾的功能。

（2）技术先进，系统高度集成，安全可靠，经济合理，人机界面友好。

（3）系统充分考虑实时性、容错性、冗余性，并具有可扩展性、稳定性、开放性、可接入性。

（4）建立多系统多功能综合集成的隧道综合监控系统，统一在中控室内完成智能监控、状态显示、操作、维护、监视、通信以及资源共享等诸多功能。

（5）建立智能化综合操作模式，包括交通管理模式、环境管理模式、火灾报警及联动模式。

（6）设备应满足隧道内的工作环境。关键设备采用冗余配置。各子系统的配置和控制应尽可能地采用模块化结构，以确保系统的可靠性，尽可能地采用成熟技术及成熟产品，易于操作、维修方便，室外及隧道内设备的防护等级须达到IP65。

（7）设备监控子系统BAS遵循分散控制、集中管理、资源共享的基本原则。

（8）火灾自动报警子系统（FAS）以消为主，防消结合，具有高可靠性、线路简单、组网灵活、容易维护、方便扩展的特点。

（9）隧道内应急电话、报警按钮、消火栓箱等尽量集中放置，便于施工、使用和维修。

（三）系统基本功能

中央计算机系统通过网络系统与其他各子系统有机结合，具备信息采集、数据处理、事件响应、事件处理、图形显示、统计查询、系统自诊断、信息共享等基本功能。

（四）中央计算机系统

中央计算机系统在控制中心以以太网方式将系统服务器、网管工作站、各子系统的工作站等组成局域网，并在C/S主客体系上建立统一的数据库系统，以多台工作站分功能、分级别地实现网上资源共享、网络协调运作功能。中央计算机系统采用国际通用通信接口及标准（TCP/IP通信协议等），信息层网络必须是基于100 Mbps以太网的开放网络技术，所有的网络介质和附件（交换机、集线器、线缆、接头、工具等）拥有广泛的厂商支持；其系统包括交通和设备监控、电力监控、火灾报警、工业电视监视等综合工作站，并有多媒体大屏幕综合显示。

（五）交通监控子系统

交通和设备监控系统通过区域控制器、车辆检测器、超高车辆检测器等现场设备，实时、准确地获取各车道交通运行参数（车速、流量、占有率等），区域控制器预处理后，经现场光环网送至交通监控计算机（中央信息网的工作站），并存入数据库中。

系统由监控工作站（已纳入中央计算机系统）、区域控制器（ACU）、车辆检测器、车道信号灯、交通信号灯、隧道禁闭指示灯、分流及转向指示灯、限速标志、可变情报板、超高检测器、声光报警器、I/O设备、通信接口、通信线缆、光缆、电源线缆等设备组成。

（六）设备监控子系统（BAS）

设备监控子系统通过现场设备网完成对现场信息的采集和对现场设备的自动控制；现场光环网（工业级设备控制网络）通过交换机将ACU互联，并使ACU通过I/O服务器或直接数据链路与信息管理网中的中央计算机服务器和工作站建立联系。设备监控系统可对通风、水泵、气体浓度、照明、变配电设施等进行监控。系统由信息层、控制层、设备层构成，即由设备监控工作站、区域控器（ACU）、站端机（RTU）、高低压智能测控模块、电力信号屏、通信线缆、光缆、电源线缆等设备组成。

（七）视频监控及交通流视频检测子系统

系统通过中央计算机工作站一方面供管理人员对各监视点实施监视，另一方面对控制矩阵的视频信号进行数字化编辑、存储、显示。工作站与中央监控计算机系统联网，接受来自消防报警系统、交通监控系统、紧急电话报警信息等系统的各种联动信息并做出反应。

系统由产生图像信号的前端设备、硬盘录像机、多媒体工作站、矩阵控制器、操作键盘、监视器等组成。前端设备包括固定彩色摄像机、全天候全方位变焦球形摄像机以及传输图像信号的光端机、光缆和视频电缆等部件。

（八）通信子系统（广播、有线、无线）

1）广播系统

该系统为满足隧道内日常工作（维修、安全、巡逻等）人员及紧急情况下隧道内车辆与中控室管理人员、外界（如消防、公安等部门）建立快速、有效、可靠通信联络，提供一套完善的语音传送交换设备，同时也满足隧道数据通信的需要。通信系统包括广播子系统、有线程控电话子系统及无线通信子系统。

系统由广播工作站（含广播呼叫）、控制器组合机、CD、卡座、FM/AM接收机等音源、均衡器、延时器、监测监听设备、功率放大器、负载匹配装置、信号控制器、扬声器（含声压检测器）及传输线路等组成。主机采用电脑控制，进行智能化分路、自动监测、监听、予编程处理、优先级广播、音区选择。

广播呼叫站设有话筒，用于播音，其上面设有暂停按键、音区选择等按键，并设置无线话筒以满足有关人员离台播音之需。

2）有线电话子系统

有线程控电话子系统包括调度电话和公务电话。调度电话主要用于隧道防灾、电力及运营管理方面的调度服务通信，可以利用程控交换机的会议电话和热线电话功能来实现；公务电话可用于隧道管理系统内部及对外的公务通信。系统由数字程控交换机、话务台、网管维护工作站、总配线架、网络柜、模拟电话机、数字电话机、电缆、用户线等组成。设备用房内设置紧急电话和自动电话；管理办公部门均设置多个双口信息点，并设置内部自动电话；重要办公值班室设置调度电话。

3）无线通信子系统

无线通信子系统分为隧道专用移动调度通信系统、公安及消防用无线信号引入系统及民用通信信号引入系统。

隧道专用移动调度通信系统为在隧道内维修、抢救、巡逻等人员与控制管理人员之间建立灵活的通信联络，同时可通过调频广播发射台与车载FM接收机向驾驶员进行无线调频广播；公安及消防用无线信号引入系统在紧急情况下提供隧道内消防人员与消防中心通信、隧道内公安人员与中心通信的信号中继；民用通信信号引入系统提供隧道内各运营商业网的移动电话、电信PHS无线市话的引入系统，满足隧道内各移动手机的通信需要。

（九）火灾自动报警子系统（FAS）

该系统具有报警、显示及联动等功能，为控制中心报警系统。通过FAS工作站的网卡，将确认报警信息送往中央计算机信息系统，可在综合模拟屏上显示，并作为相关系统及消防设备联动的依据。火灾报警的地址信息与相应的风机、广播音区、摄像机对应起来。

系统接受隧道内的火灾探测器及手动报警按钮等手动和自动报警信号，接受隧道管理中心内管理用房光电式感烟/温探测器和手动报警按钮的报警信号。

该系统由火灾自动报警控制主机、火灾报警控制分机、中文彩色图像显示终端、区域显示盘、分布式线型感温光纤探测器、智能光电式感烟探测器、智能型感温探测器、信号模块（带地址）、控制模块（带反馈功能）、手动报警按钮、警铃、信号线缆、电源线等组成。

隧道内同时采用线型光纤感温火灾探测器和图像型火灾探测器进行实时在线的火情监测，各报警区域的火灾报警信号由区域火灾报警控制器和感温光纤控制器采集后送至集中火灾报警器。集中火灾报警控制器应设有与计算机通信的接口。集中火灾报警控制器应设有与分布式感温光纤控制器的通信接口。沿隧道每隔50米设置手动报警按钮。

火灾自动报警系统设备由集中报警控制器、区域报警控制器和分布式感温光纤控制器、图像型火灾探测器、手动报警按钮、联动报警装置、火灾探测元件和传输介质等组成。隧道内的火灾报警采用人工、消防联动和探测器（用分布式感温光纤探测器）自动三种方式报警，实现火灾手动报警、灭火器联动报警和火灾自动报警功能。

九、隧道智能化

（一）全方位雷达动态感知系统

1）隧道雷达感知系统构成

隧道雷达交通事件全自动检测系统由雷达传感器装置、边缘计算服务器、工业以太网交换机、高清卡口抓拍摄像机、工作站及相关数据平台软件模块构成。

该系统的硬件包括雷达专用处理服务器、雷达传感器、电源装置、GPS/北斗授时服务器等。其中，雷达传感器安装在隧道侧壁，雷达传感器均通过以太网交换机汇聚后通过光纤与安装在隧道管理站（或变电所）的雷达专用处理服务器构成小型局域网，实现底层设备与雷达专用处理服务器的通信，雷达专用处理服务器对原始数据进行数据分析和事件分析。隧道管理站设置一台工作站，通过应用软件实现监测结果的显示并与现有隧道摄像机、可变信息标志联动控制，接收从服务器输出的事件警报，实现对隧道的报警事件管理。

2）隧道雷达感知系统功能

在隧道内以140 m间距与固定摄像机同址设置雷达感知设备，实现隧道路段全覆盖。同时，距离隧道出入口140 m的区域，由于"黑白洞"效应可能引发事故风险，也应布设雷达对此区域进行监测。雷达感知设备具有不受光线、污垢和灰尘影响的特性，可在眩光、全黑、烟等环境中，实现精确监测。雷达系统可对隧道内超速行驶车辆、低速行驶车辆、停止车辆、倒车车辆、逆行车辆、变道车辆及抛洒物进行实时监测，可提供隧道内实时车速、实时交通流量、实时车辆位置信息、事件轨迹回放、历史数据查询等功能。

在隧道入口处设置车牌抓拍摄像机，采用300万像素高清一体化嵌入式摄像机作为高清卡口抓拍单元，1台300万像素摄像机覆盖1条机动车道。高清一体化嵌入式摄像机应具备图像采集、图像处理、号牌识别、车型识别、车标识别、视频检测、数据缓存等功能，能够适应各种天气条件，具有稳定性、可靠性和抗干扰能力，不得外挂其他任何分析设备，不得采用终端存储管理设备分析模式，能在各种环境及照度条件下及时、准确、清晰地捕获通行车辆，能清晰辨识车辆特征、司乘人员面部特征。

车牌抓拍摄像机及补光灯与隧道洞口的车道指示器共杆安装。雷达安装在隧道的侧壁上，雷达与车牌抓拍摄像机的前方不能有明显的遮挡物，每个车道采用高清车牌识别单元，各负责不同车道行驶的车辆。

补光系统应具有自动逆光补偿和强光抑制功能，要求补光效果能达到看清车牌号码、司乘人员面部特征的要求，要求每车道配置1只LED频闪补光灯和1只爆闪补光灯。补光灯可斜向照射，其安装应尽量降低对驾驶人员的视觉干扰。

补光灯应具备故障检测功能，内置检测及通信模块，可实时查询到补光灯的工作状态。

高清车牌识别单元采用由雷达联合触发方式，对所有进入雷达特定的检测区域内的车辆全部进行触发抓拍，雷达数据和车牌抓拍的数据全部送入本地雷达专用边缘计算服务器进行融合、上传处理。

雷达传感器布设在隧道右侧和固定摄像机同址，便于利用光纤环网传输。设备安装高度在4～5 m，雷达需配置数据处理边缘计算服务器（内置于雷达或者外置安放），实时对数据进行处理，并实现自动控制和数据发送。

报警触发时，系统同时依据预案自动将异常事件通过洞口门架可变信息标志、洞内可变信息标志、可变限速标志、车道指示标志等自动发布预警给司乘人员，实现对车流车速的诱导和调控，增加道路通容量，减少交通拥堵，防止二次事故和多次事故的发生。

毫米波雷达感知系统检测到隧道内的异常事件（车辆降速、拥堵、抛物等）发生时，系统同时依据预案自动将异常事件通过洞口门架可变信息标志、洞内可变信息标志、可变限速标志、车道指示灯等自动发布预警给司乘人员，实现对车流车速的诱导和调控，增加道路通容量，减少交通拥堵，防止二次事故和多次事故的发生。

毫米波雷达系统为车路协同系统提供动态、全面、高效、实时的路况感知信息，将隧道内感知的路况信息、交通状态信息、车辆实时信息分析汇总后通过车路协同通信设备与安装智能车载终端的车辆进行数据交互，满足车辆实现车路交互的定位要求，实现车路协同和BIM数字孪生场景建模。

（二）隧道智能清洗系统

图4.64　隧道智能清洗机器人

隧道内由于空间封闭，空气中的粉尘油污易附着隧道内电光标志上，致使其发光暗淡，失去车辆诱导作用；而通过人工清洗时，不仅封道施工影响正常通行，清洁工人也有很大的安全隐患。

隧道清洗机器人可定期自动进行清洁作业，清洗隧道，检修隧道侧壁诱导标和隧道侧壁的轮廓标，兼顾清洁检修隧道侧壁立面标记。清洗机器人采用自动定位，能快速校准识别自身所处位置，能精准定位轮廓标的位置。清洗机器人能够记录隧道内的清洁点，并能根据需要增减清洁点，在自动运行时，能够自动到达所记录的清洁点，清洗频率可设置。机器人自带水箱，可使用当前隧道内传统消防取水点，机器人自带取水装置和管道。

现场提供安放设备待命/自动充电和加水的空间，其尺寸应明显大于清洁机器人的外形尺寸及预留运动空间，在此空间内无其他设备及走线，不影响清洁机器人的运动；轨道铺设采用H型钢直接固定于检修道地基上，需保证坚实可靠无振动。

（三）隧道智能自动灭火系统

隧道智能泡沫消防炮系统是利用红外线、数字图像或其他火灾探测组件对火、温度等的探测进行早期火灾的自动跟踪定位，并运用自动控制方式来实现灭火的系统。该系统主要由压缩空气泡沫灭火系统模块、控制柜、区域阀控制柜、空气压缩机、多级离心泵、区域控制阀、泡沫炮（自动跟踪定位射流灭火装置）、智能灭火装置控制器、解码器、无线遥控器、智能接口单元等组成，在火灾发生时，自动定位火灾部位并实施自动喷水灭火。

1）自动定位火灾位置

隧道智能泡沫消防炮系统具有火灾探测功能，消防炮具有红外和图像复合探测，可360度全方位火灾探测，自动定位火源的位置。消防炮智能灭火装置控制器检测到探测组件报火警后，自动启动声光报警，自动控制相关的扫描、定位，自动开启消防泵和电动球阀实施灭火。同时，智能灭火装置控制器自动切换灭火装置现场图像到视频监视窗口，进行录像，记录报警信息、启泵、开阀、水流动作等重要信息。在控制室，可以通过集中控制面板远程并可视控制压缩空气泡沫炮、电动球阀及消防泵动作。在现场，可以通过无线遥控器手动控制相应压缩空气泡沫炮、电动球阀及消防泵动作。

2）隧道智能泡沫消防炮系统与火灾报警系统的联动

具有全天候的火灾报警和联动功能，控制器一旦接收到压缩空气泡沫炮或其他火灾探测器的火灾报警信号，会立即启动该区域内的压缩空气泡沫炮进行扫描，并精确定位射流灭火，同时通过泵房内的控制柜联动水泵、空压机、压缩空气泡沫发生装置、消防阀、消防报警和视频记录等设备提供泡沫和记录火灾扑救过程。

3）三种灭火方式：自动灭火、远程手动灭火、现场手动灭火

（1）自动灭火方式。当探测到火灾发生，系统主机处理后启动相应消防炮进行自动扫描并锁定火源点后，开启消防泵及电磁阀进行灭火。同时，前端水流指示器反馈信号在消防控制室操作台上显示。

（2）远程手动灭火方式。消防控制室接收到火警信号后，值班人员在消防控制室通过切换现场彩色图像进一步确认，通过集中控制面板控制相应的消防炮对准火源点，启动消防泵，开启电磁阀实施灭火。

（3）现场手动灭火方式。现场人员发现火源点，操作相应的现场控制盘控制消防炮对准火源点，启动消防泵，开启电磁阀实施灭火。

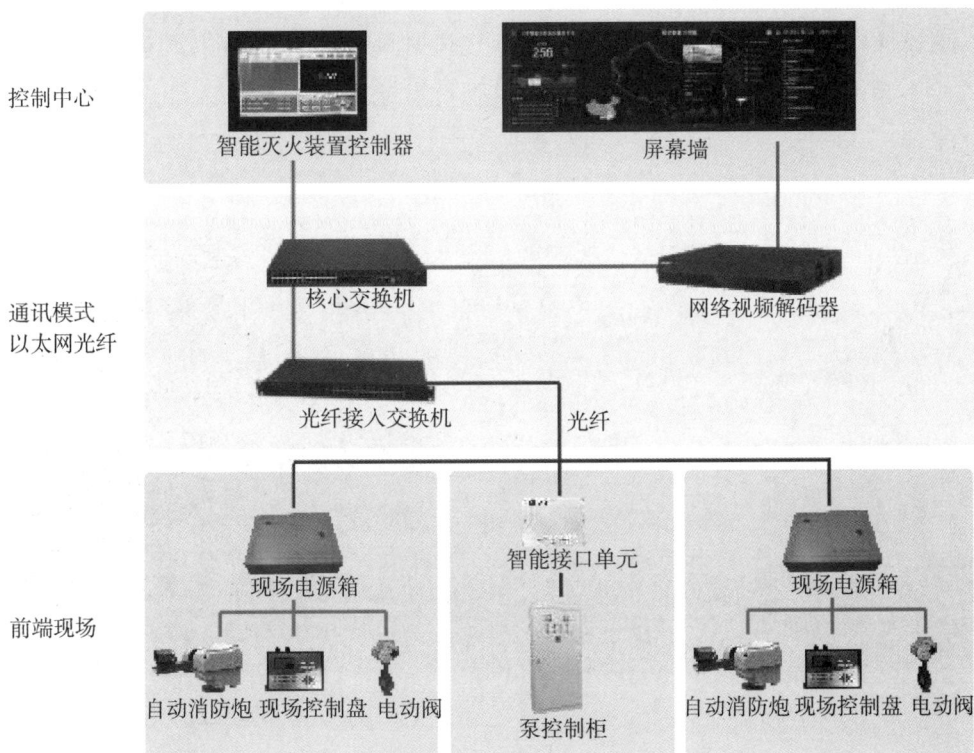

图4.65　隧道智能灭火系统

（四）隧道节能用电系统

针对隧道用电高峰刚好和太阳发电高峰同步的特点，采用光伏发电直接供隧道直流用电设备使用，不够的电量由市电进行补充，减少了逆变和储能的环节，节约了投

资成本。

　　光伏发电板直接铺设于遮光棚顶部，一方面减小了洞外亮度，降低了洞内照明的需求，另一方面太阳能发电系统可全面或部分替代传统隧道供电模式，是解决隧道运营成本过高的有效途径，也是实现高速公路健康可持续发展的必由之路。

　　光伏发电主要用于照明灯具用电，照明用电的峰值与太阳能发电的峰值刚好保持一致。多余的电量考虑提供给隧道监控系统。隧道风机、消防泵等动力负荷，使用时间很少且使用时间不确定，采用市电供应。

　　该项目采用直流供电LED照明灯具，该种灯具电源无交直流变换部分，只有直流降压部分，不含高压大电解电容，结构简单，故障率低，寿命可达10万小时，是普通隧道LED照明灯具寿命的3倍，从源头上避免了灯具故障而导致的隧道封道维修更换，从源头上实现节能。

　　智慧照明调光节能系统的主要功能是实现根据洞外亮度的变化按需调光，隧道内的亮度不超标准也不低于规范的要求。在确保行车舒适和安全的基础上，实现最大限度的节能。

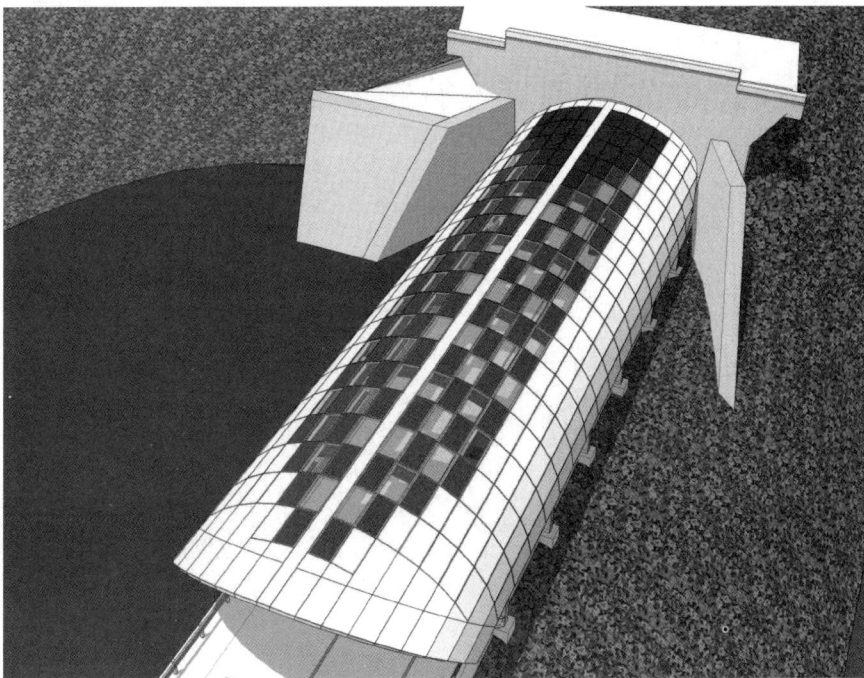

图 4.66 隧道智能调光遮光棚

（五）隧道智慧供电与监测系统

隧道内的机电设备在巡检及故障维修时，对巡检运维人员存在较大安全隐患。本系统针对各个机电设备设置智慧型物联网断路器，可以实时监测出各个节点的故障信息。同时，再融合各机电设备的交换机网络地址等信息，实时模拟出隧道内供电链路及网络路由的传输链路，可根据信号反馈判别供电回路与网络链路是否异常，实现隧道智慧供电以及智慧监测。

（六）隧道装饰

隧道装饰设计在满足结构防火、保温、安全逃生等功能要求的前提下，力求美观、经济、可靠、安全、便于养护。根据国内隧道的工程实践经验，该项目隧道推荐采用"防火板+防火涂料"的洞内装饰方案。隧道边墙范围内采用刚防火装饰板，其余部分可采用防火装饰板与喷涂隧道专用厚型防火涂料相结合。依据《建筑设计防火规范》中的相关规定，混凝土耐火极限的试验升温曲线采用RABT标准升温曲线，防火涂料耐火极限不低于2小时。

考虑到该隧道位于市区范围，洞内可采用全息投影、喷绘等效果装饰，洞顶采用星光、阵列LED灯等效果装饰，边墙采用小珠山景色喷绘或者全息投影效果，营造舒适但不影响驾驶注意力的效果。

图4.67　隧道装饰效果

十、分岔段大跨隧道工程

该项目珠光路匝道在主线小珠山隧道内分岔，分岔段主线隧道跨度逐渐变大，根据路线设计设置4个过渡断面，逐渐将主线与支线分岔合（分）流，其中分岔段隧道断面与常规断面不同。

（一）设计原则及技术标准

（1）尽量避开不良地质区域，保证施工期安全，运营期有较好的社会、环境、经济效益。

（2）洞身结构基于新奥法原理进行设计，充分考虑围岩地质条件、断面形状、支护结构、施工条件等，并充分利用围岩自身的承载能力，使主体结构具有规定的强度、稳定性和耐久性。

（3）充分考虑运营安全的视距要求的同时减小分叉段的长度及跨度。

（二）分岔大跨段平面划分

根据路线设计，对车道分叉大跨段隧道进行了平面划分，分为4个断面。

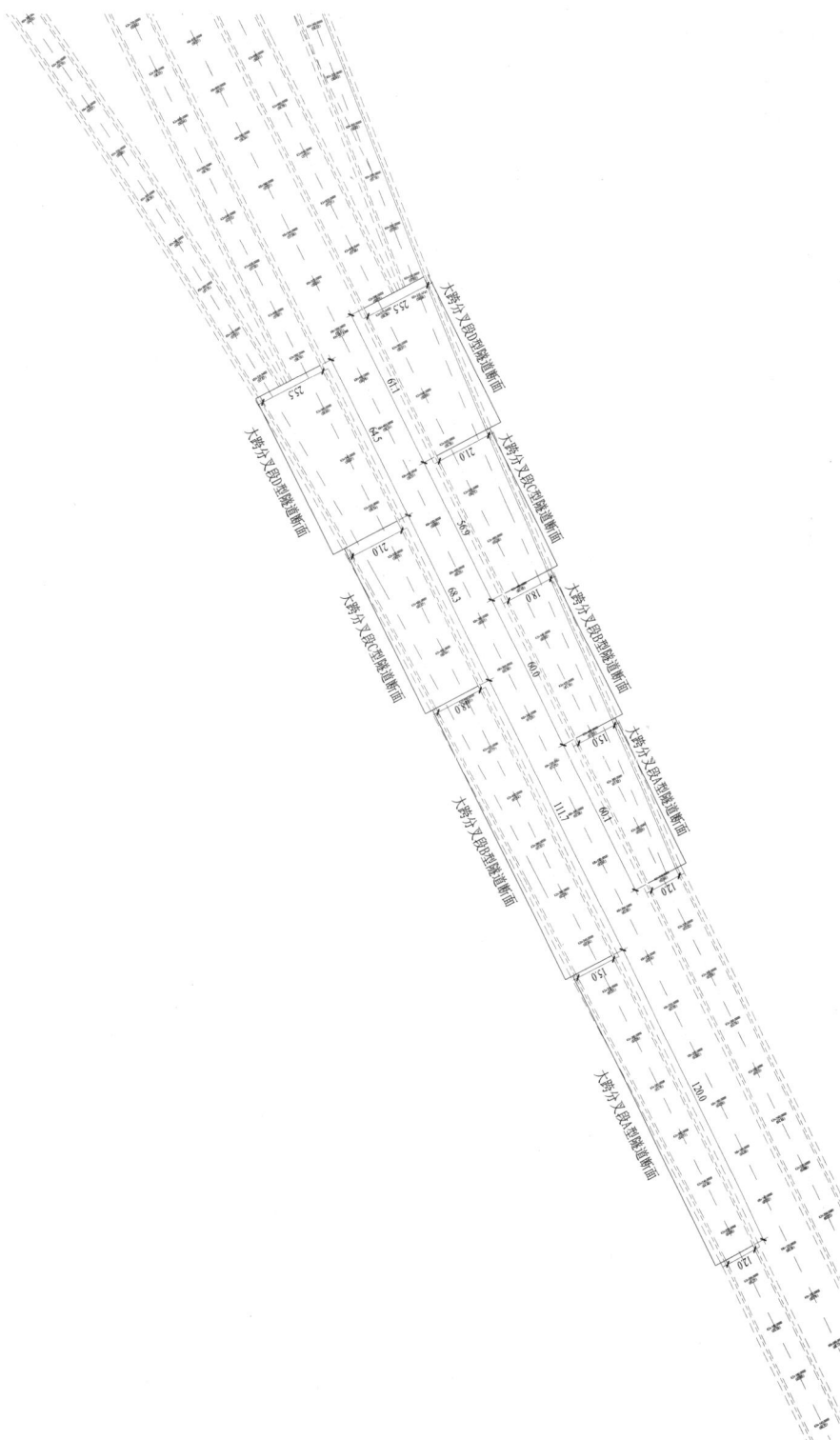

图 4.68 分岔大跨段隧道平面布置图

（三）分叉大跨段隧道内轮廓

基于平面布置，根据围岩级别、结构受力特点以及方便施工等因素，在满足隧道建筑限界且各种设备均不得侵限的前提下，充分考虑照明、通风、监控、消防等机电设施及洞内装饰所需要的空间，综合研究拟定，4个分叉大跨段隧道断面内轮廓如图4.69～图4.72所示。

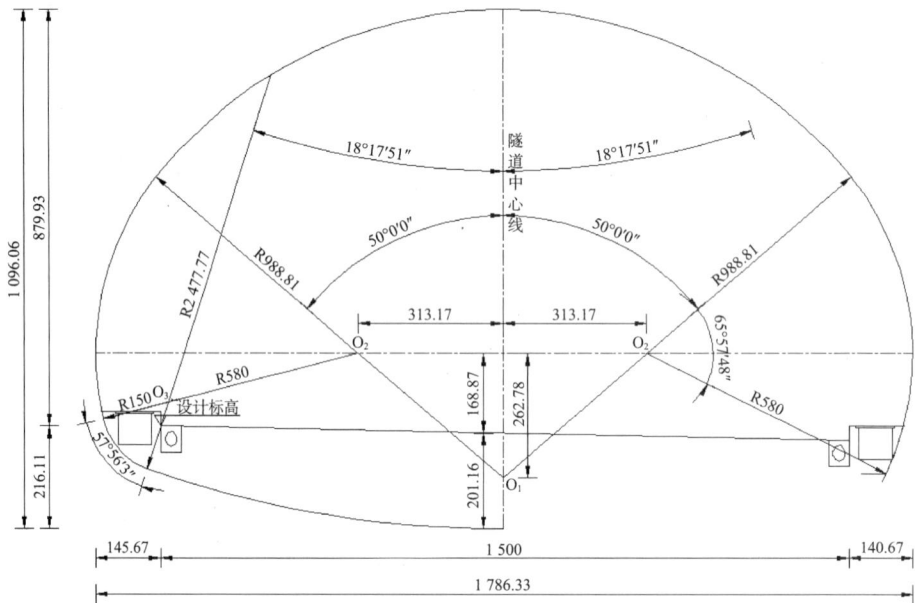

图4.69　分岔大跨段隧道A型内轮廓（单位：cm）

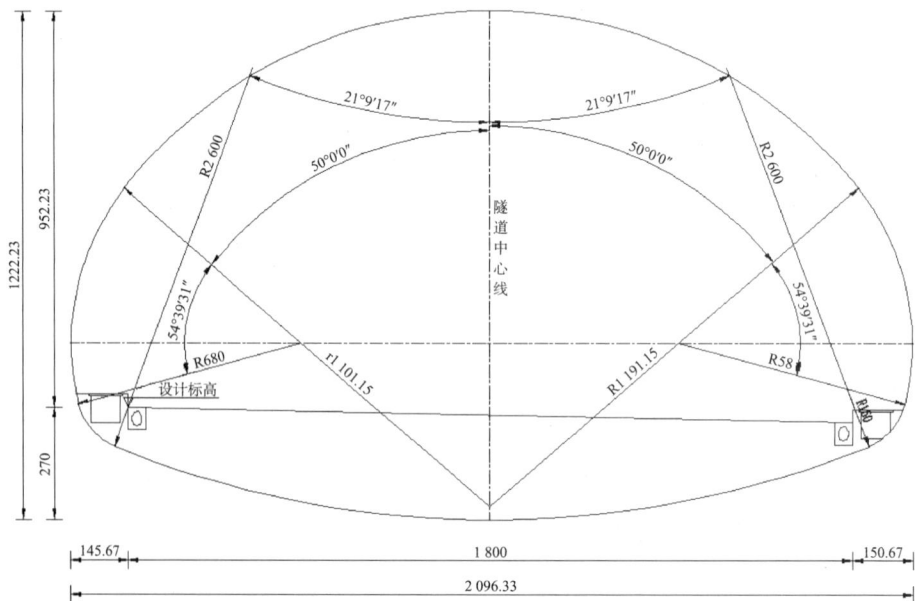

图4.70　分岔大跨段隧道B型内轮廓（单位：cm）

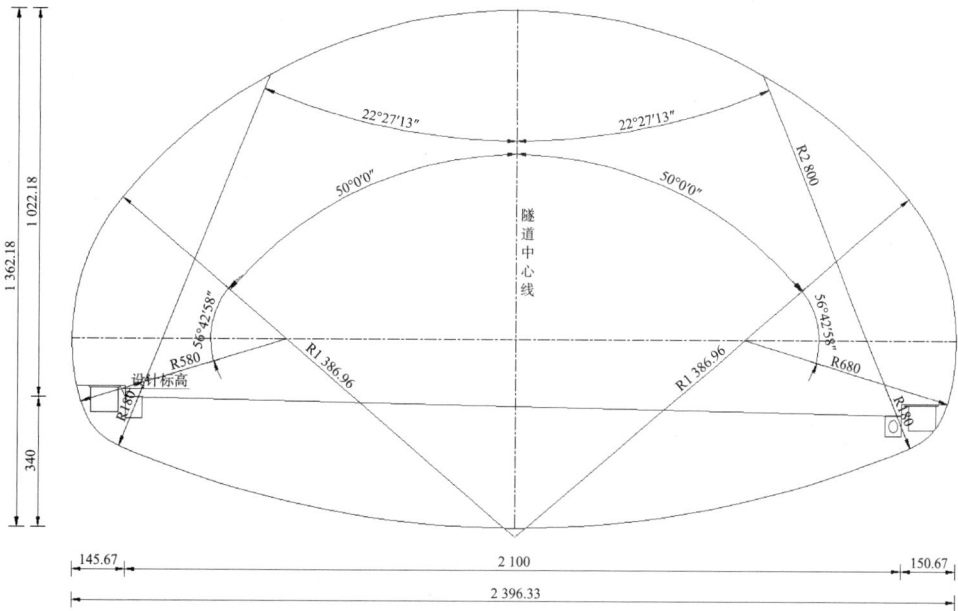

图 4.71　分岔大跨段隧道C型内轮廓（单位：cm）

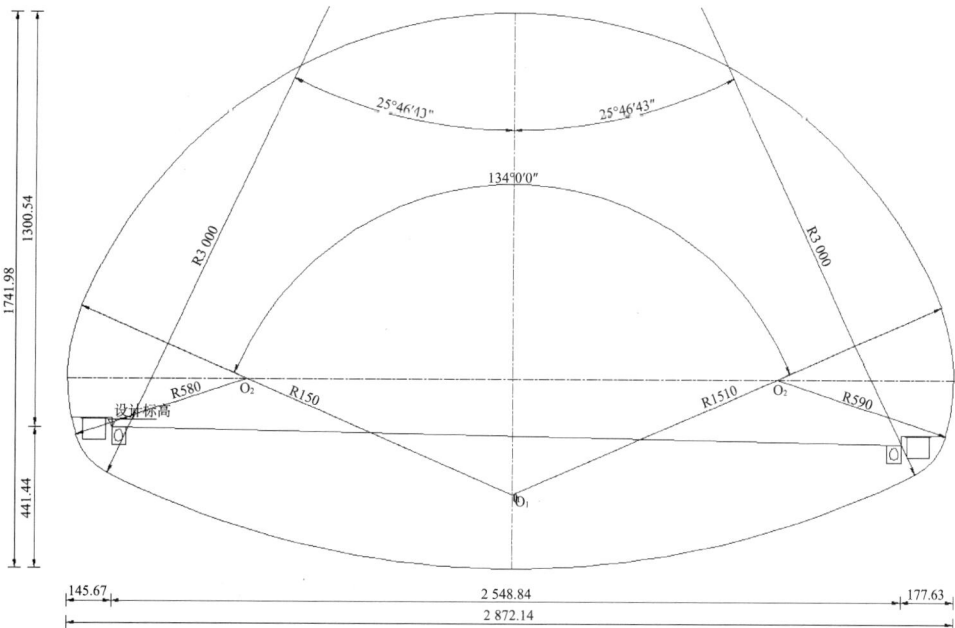

图 4.72　分岔大跨段隧道D型内轮廓（单位：cm）

（四）分岔大跨段隧道结构设计

分叉大跨段均为暗挖隧道，与常规段采用类似新奥法原理进行设计和施工，施工采用光面爆破技术，尽量减少对围岩的扰动，严格控制超挖和欠挖；采用锚喷支护，复合式衬砌结构，即以环向系统锚杆、钢筋网、喷射混凝土作为初期支护，辅以型钢钢架加强支护和中管棚、小导管注浆超前支护。二次衬砌采用钢筋混凝土，在初期支护与二次衬砌之间铺设高分子复合自粘防水卷材（厚度≥1.5 mm，幅宽2 m）。隧道衬砌类型、衬砌断面型式、衬砌结构尺寸等主要支护参数采用工程类比法和理论计算进行确定。

洞身衬砌支护参数如表4.18所示。

表4.18 分叉大跨段隧道衬砌支护参数表

衬砌类型	初期支护				预留变形量	二衬模筑混凝土	辅助施工
	锚杆	钢筋网	C25喷射砼	钢拱架			
大跨断面（Ⅳ级A-4）	Φ25中空注浆锚杆L=4.0 m 0.75（纵）×1.0 m（环）	Φ8 20 cm×20 cm 单层	厚 26 cm	I20b型钢拱架@75 cm	14 cm	拱部、仰拱 55 cm（钢筋砼）	Φ50小导管，L=4.5 m，环向间距40 cm，纵向间距3 m
大跨断面（Ⅲ级A-3）	Φ25中空注浆锚杆L=4.0 m 0.75（纵）×1.0 m（环）	Φ8 20 cm×20 cm 单层（拱部）	厚 26 cm	I20b型钢拱架@75 cm	14cm	拱部 55 cm（钢筋砼）	Φ50小导管，L=4.5 m，环向间距40 cm，纵向间距3 m
大跨断面（B-3）	Φ25中空注浆锚杆L=4.0 m 0.5（纵）×1.5 m（环）	Φ8 20 cm×20 cm 双层	厚 28 cm	I22b型钢拱架@50 cm	16 cm	拱部、仰拱 65 cm（C40钢筋砼）	Φ50小导管，L=4.5 m，环向间距40 cm，纵向间距3 m
大跨断面（C-3）	Φ25中空注浆锚杆L=5.5 m 0.5（纵）×1.5 m（环）	Φ8 20 cm×20 cm 双层	厚 31 cm	I25b型钢拱架@50 cm	18 cm	拱部、仰拱 75 cm（C40钢筋砼）	Φ76管棚，L=13 m，环向间距40 cm，纵向间距10 m Φ50小导管，L=4.5 m，环向间距40 cm，纵向间距3 m

衬砌类型	初期支护				预留变形量	二衬模筑混凝土	辅助施工
	锚杆	钢筋网	C25喷射砼	钢拱架			
大跨断面（D-3）	Φ25中空注浆锚杆L=6 m 0.5（纵）×1.5 m（环）	Φ8 20 cm×20 cm 双层	厚34 cm	I28a型钢拱架@50 cm	20 cm	拱部、仰拱80 cm（C40钢筋砼）	Φ76管棚，L=13 m，环向间距30 cm，纵向间距10 m Φ50小导管，L=4.5 m，环向间距40 cm，纵向间距3 m

（五）分岔大跨段隧道施工工法

分岔大跨段隧道均按新奥法原理组织施工，隧道施工方法应根据工程地质和水文地质条件，对开挖断面大小、衬砌类型、隧道埋深、隧道长度、工法转换的难易、机械设备的配置、工期要求及环境制约等因素进行综合研究确定。该项目分岔大跨段隧道开挖断面大，对于A型断面Ⅲ级围岩采用三台阶法开挖，A型断面Ⅳ级围岩采用CD法开挖，B型断面Ⅲ级围岩采用半部CD法开挖，C型断面Ⅲ级围岩采用CD法开挖，D型断面采用双侧壁导坑法开挖。

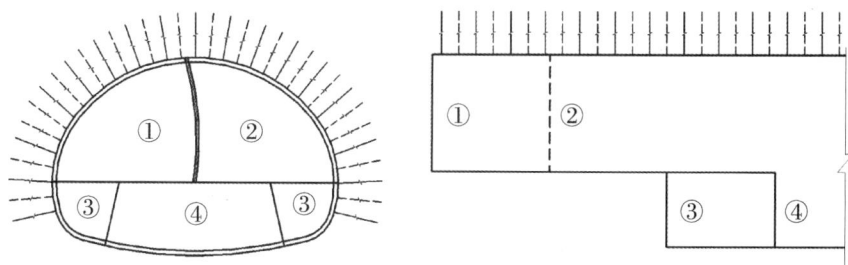

说明：①——第一步开挖。
　　　②——第二步开挖。
　　　③——第三步开挖。
　　　④——第四步开挖。

图4.73　半部CD法示意图

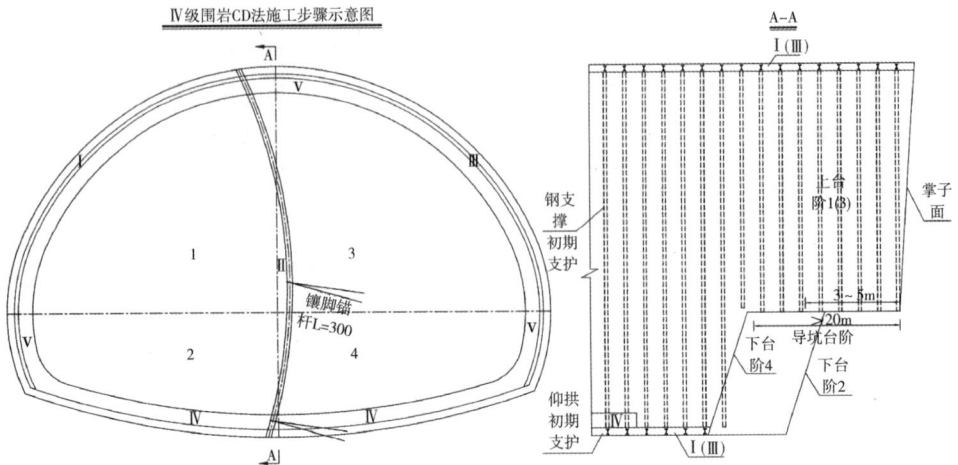

图 4.74　CD法示意图

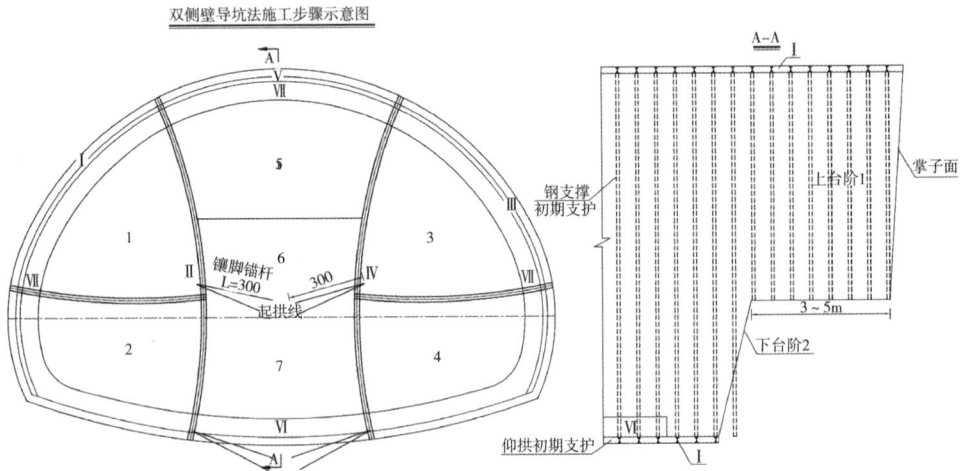

图 4.75　双侧壁导坑法法示意图

（六）分岔大跨段隧道施工监控量测与超前地质预报

分岔大跨段隧道跨度大，应格外重视和加强隧道的监控量测和超前预报。应把常规段落的选测项目列为B/C/D型断面的必测项目，即增列如下项目为必测项目。

（1）围岩内部位移量测。

（2）锚杆轴力量测。

（3）围岩与喷射混凝土间接触压力量测、喷射混凝土与二次衬砌间接触压力量测。

（4）喷射混凝土内应力量测、二次衬砌内应力量测、钢架内力量测。

以上具体监测密度按照每50 m至少2个断面布置。

分岔大跨段隧道对围岩情况更为敏感，因此采用掌子面地质素描、超前探孔、加深炮孔的主预报方法必不可少，同时将TSP（或TRT）长距离超前地质预报和地质雷达短距离探测联合使用，对掌子面前方的工程地质及水文地质情况进行预报。

（七）分岔大跨段隧道通风设计

在分合流位置根据正常通行及阻塞情况进行分析，并通过对稀释烟尘需风量、稀释一氧化碳和二氧化氮浓度、换气次数及隧道防烟及排烟等多方面计算，根据所需确定最大通风量，进行通风设备选择，并考虑在主线及支线位置布设风机，满足隧道内分合流通风需求。

十一、隧道工程专题研究

下阶段拟对以下课题进行专题研究。

（1）鉴于隧道分、合流三角区段的洞身断面跨度大，为有效控制建设风险，开展特大跨度隧道支护方案、特大跨度隧道施工安全控制等专题研究。

（2）根据汽车自动驾驶技术发展，研究隧道实现汽车自动驾驶的预留条件，开展隧道智能化系统研究。

（3）研究满足驾驶员视线、舒适度前提下的隧道装饰提升关键技术，开展基于全息投影技术的隧道装饰提升技术研究，改善公路隧道内的行驶品质，促进行业发展。

（4）通过隧道智能管养平台，打造隧道舒适通行环境，开展隧道运营安全与防灾救援智能管控技术研究。

（5）基于围岩动态分级的支护方案自动化匹配，开展基于围岩动态分级的隧道支护参数智能优化技术研究，提高施工效率。

（6）研发隧道高性能喷射混凝土配比及机械化施工技术，实现高速度、高强度、低损耗、一次成型的目标，开展隧道高性能喷射混凝土初期支护及围岩耦合作用研究。

第七节　路线交叉

一、互通立交

布设互通立交主要结合沿线的交通规划、社会经济、城市规划建设、自然条件的同时，还需重点考虑以下因素。

（1）在与既有（规划）国省干线公路交叉处设置服务型互通立交，充分吸引过境和跨组团交通量。

（2）与既有（规划）城市快速路交叉处设置互通立交，改善城市交通运输环境，为城市交通提供便利的衔接服务。

（3）尽可能将互通立交设置在地形平坦、地势开阔（用地条件预留充足）、地质条件良好、与其他设施干扰小、对周围建筑和环境影响小的区域。

（4）充分考虑交叉道路的规划情况，以及交叉道路上的规划和现状交叉（立交）位置，充分结合规划和现状道路条件，力求做到相辅相成，并在功能和形式上互补。

（5）统筹考虑道路和交通综合规划，近远结合，为远期快速路或者主干路的建设预留条件。

该项目共设置互通式立交3座，其中，昆仑山路节点为枢纽式互通（两条规划城市快速路交叉），珠光路、星海滩路为服务型立交。

表4.19　互通式立交（支线）设置一览表

序号	互通名称	交叉桩号	互通型式	被交道路		互通间距（km）
				名称	等级	
1	昆仑山路枢纽	K1+660	对称双环苜蓿叶	昆仑山路	一级公路（规划快速路）	
2	珠光路立交	K8+500	一般立交	珠光路	规划主干路	6.84
3	星海滩路立交	10+322	一般立交	星海滩路	主干路	1.82

互通立交的型式主要根据道路交叉形式、交通量分布、被交道路功能和等级等条件确定。

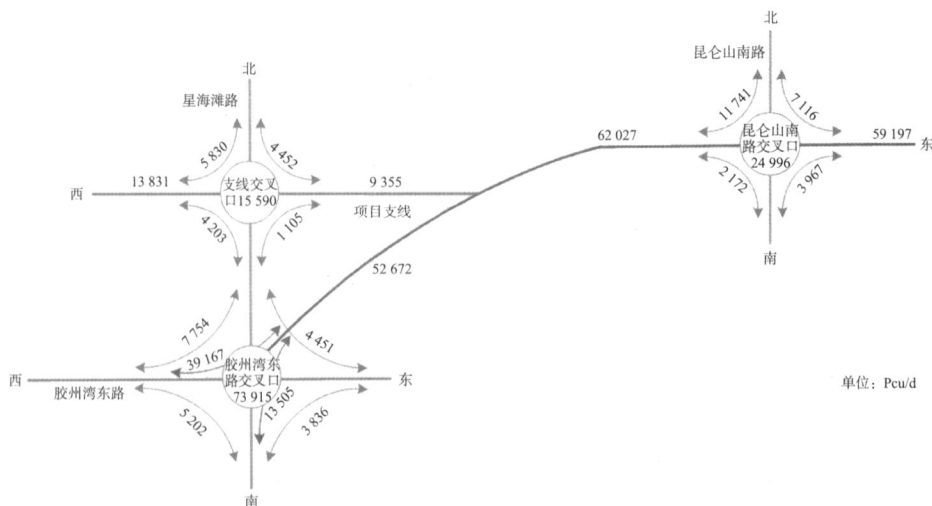

图4.76　收费10元/车情况远景2044年互通转向交通量示意图

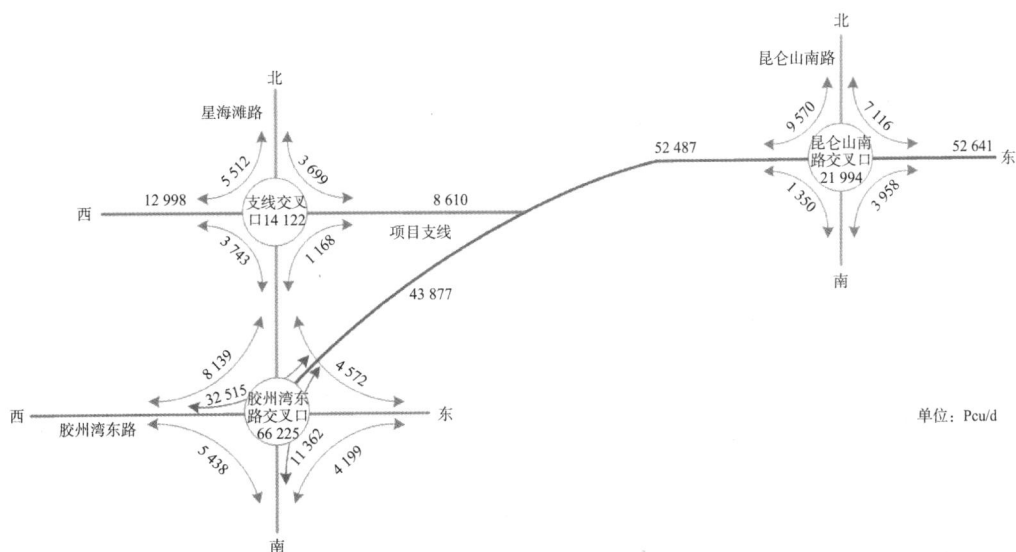

图 4.77　不收费情况远景 2044 年互通转向交通量示意图

1）昆仑山路枢纽立交

昆仑山路立交位于该工程东端起点，东侧距离银屏山路 310 m，西侧距离锦屏山路 350 m；东距江山路—嘉陵江路立交 2.1 km，北距规划昆仑山路—齐长城路立交 1.0 km，南距昆仑山路—香江路分离式立交约 1.0 km；节点西南象限为现状悦湖兰庭居住区，东南象限为现状盛世嘉苑居住区，西北象限规划为工业用地（在建康养项目），东北象限规划为文化、体育和福利设施用地。

该立交为嘉陵江路（规划快速路）与昆仑山路（一级公路）交叉的节点，对合理组织、引导和疏散公路过境、城市组团间长距离交通具有关键作用。根据交通量预测，该枢纽总转向交通量 25 532 辆/日，其中，昆仑山路（北）往返嘉陵江路（西）日照方向 12 748 辆/日，昆仑山路（北）往返嘉陵江路（东）开发区方向为 6 370 辆/日，昆仑山路（南）往返嘉陵江路（西）日照方向为 2 447 辆/日，昆仑山路（南）往返嘉陵江路（东）开发区方向为 3 967 辆/日。

互通区内该工程平面为直线段，纵坡 0.4%，凸曲线半径 12 000 m，满足设置互通立交的要求。

根据建设单位前期研究情况、区域用地条件、已建成居住区等控制因素，工可阶段布设了 2 个枢纽方案，分别为涡轮形互通立交、对称双环苜蓿叶互通立交。

涡轮形互通立交技术指标较高，但占地面积、桥梁规模、工程投资大，经济效益较差，桥梁高度高，对周边环境影响大；对称双环苜蓿叶互通立交，部分方向采用环形匝道，技术指标较低，但占地面积、工程规模、工程投资小，立交高度低，对周边环境影响小。综合比较并考虑稳评相关意见，推荐采用对称双环苜蓿叶立交。

图 4.78　涡轮形互通立交示意图

图 4.79　对称双环形互通立交示意图

分期实施方案：目前，嘉陵江路（昆仑山路—奋进路段）暂未贯通、昆仑山路快速路正在规划研究阶段（暂无明确实施计划），结合周边道路网和用地条件，昆仑山路立交工程计划分期实施。

近期：① 实施嘉陵江路主线——因东侧（昆仑山路—奋进路段）暂未贯通，近期经两侧辅路临时接入昆仑山路，采用平面交叉、信号灯控制，满足区域交通组织，预留远期主线继续向东穿越昆仑山路的条件。② 实施联系昆仑山路的2条定向匝道——因昆仑山路快速路暂无明确实施计划，结合沿线社会稳定评价，匝道近期在五台山路以南140 m处接地，与五台山路平面交叉、信号灯控制，预留远期与昆仑山路主线合流并跨越五台山路的条件。

远期：预留远期昆仑山路互通立交其余匝道实施的用地条件，未来结合嘉陵江路（昆仑山路—奋进路段）打通和昆仑山路快速路建设，完善立交建设和整体功能。

2）一般立交

根据西海岸新区总体和综合交通规划，嘉陵江路西延段自星海滩路以东接入胶州湾西路的情况下，在星海滩路节点设置一座互通立交，实现两条快速路的联系。本次设计综合周边现状用地条件、现状建筑情况和规划用地情况，嘉陵江路西延段采用北线方案，在星海滩路西侧采用浅埋地道接入胶州湾西路，结合交通量预测、原规划立交的主要功能，为实现该工程与星海滩路（北）、星海滩路（南）、胶州湾西路的联系，为分流城区北部出行、均衡交通分布、缓解单一节点压力，沿珠光路、星海滩路（南）分别设置一般立交，实现原规划立交的功能。

（1）珠光路立交。珠光路立交为该工程向西联系珠光路—东元路、向北联系星海滩路的隧道立交，沿线北侧主要有大溪谷、镜台山等居住片区，向西可直达高铁青岛西站，该立交对于服务城区北部交通、均衡路网交通流量等具有重要作用，根据交通量预测该立交隧道双向交通量6 223辆/日。该立交隧道与主线分合流范围内，主线为直线段，纵坡1.84%，无竖曲线，满足设置支线立交的要求。综合考虑工程实施难度、占地面积、对周边环境和建筑影响、工程投资、路线指标等因素，珠光路立交工可阶段布设了2个方案，分别为隧道内与主线分离、隧道外与主线分离设迂回式立体交叉。① 方案一：隧道内与主线分离方案。技术指标高，占地面积小、对周边环境和噪声影响小，隧道内需提前做好交通引导措施，规范车辆行驶和安全。② 方案二：隧道外与主线分离设迂回式立体交叉方案。为满足规范要求的主线出入口与隧道洞口间的最小距离，匝道需多次迂回、穿越主线，匝道的线型指标比较低，占地面积大，对周边环境和噪声影响大。综合比较并结合前期专家咨询论证意见，推荐采用方案一：隧道内与主线分离方案。

图 4.80　隧道内与主线分离方案示意图

图 4.81　隧道外与主线分离设迂回式立交方案示意图

（2）星海滩路立交。星海滩路立交为本工程向南联系星海滩路、朝阳山中央商务区的一般立交，沿线北侧主要有花街小镇、融创茂、星光岛等居住和商业区，该立交对于服务城区南北核心区交通具有重要作用，根据交通量预测该立交匝道双向交通量 6 676 辆/日。该立交匝道与主线分合流范围内，主线圆曲线半径 1 100 m，纵坡 1.00%，凹形竖曲线半径最小 10 000 m，满足设置支线立交的要求。综合考虑其实施难度、占地面积、对周边环境和建筑影响、工程投资、路线指标等因素，星海滩路立交工可阶段布设了2个方案，分别为隧道方案和高架方案。① 方案一：隧道方案路线技术指标较高，对周边环境和噪声影响小。② 方案二：高架方案向南接入星海滩路追坡距离长，占地面积大，对周边环境和噪声影响大。综合比较两个方案情况，推荐采用方案一：隧道方案。

图4.82　星海滩路立交方案平面示意图

二、分离式立交、通道、天桥

该项目与其他等级的公路、城市道路（现状和规划）交叉时均采用立体交叉，主要方式有分离式立交（涵式、桥式）、通道、天桥等。

1）分离式立交设置原则

该项目与等级公路、城市道路、村庄道路交叉式时，除设置互通立交外，均设置分离式立交，设置时需考虑被交道路的等级和功能。

该项目工程范围内交叉道路有五台山路、昆仑山路、锦屏山路、金钟山路、香江路、外环路（规划、2处交叉）、规划路、珠宋路（规划）、崀山路、创智路（规划）、柏果河西路、星海滩路、兰东路等。其沿线在锦屏山路、金钟山路、香江路、规划外环路（共2处）、规划珠宋路、规划崀山路、规划柏果河西路，设分离式交叉8座。其他低等级的乡道、村道设置通道或天桥。

2）主要分离式立交简介

（1）规划外环路、规划珠宋路、规划崮山路、规划柏果河西路采用主线上跨式；规划珠宋路处预留远期设置菱形立交的条件。

（2）锦屏山路、金钟山路、香江路采用主线下穿形式，在香江路设置向西联系主线的平行匝道。

3）通道、天桥

通道、天桥设置应综合考虑现有道路分布、路线与邻近村庄的位置关系、地形地貌等因素，基本适应现有路网布局，并适当考虑未来发展，方便沿线群众日常出行。同时，应考虑沿线水网发育，部分通道兼有防洪、排涝功能。全线设通道3座，天桥4座。

表4.20 天桥工程数量表

序号	中心桩号	名称	孔数-孔径（m）	桥长（m）	上部结构构造	桥面宽度（m）	桥面面积（m²）
1	K3+670	天桥	30+40+30	100	预应力砼连续梁	10	1 000
2	K3+760	天桥	30+40+30	100	预应力砼连续梁	10	1 000
3	K4+300	天桥	30+40+30	100	预应力砼连续梁	10	1 000
4	K5+065	天桥	30+40+30	100	预应力砼连续梁	10	1 000

表4.21 涵式通道工程数量表

序号	中心桩号	孔数与孔径	涵身（m）	洞口	涵洞类型
1	K2+860	2-5×4	45	1	钢筋混凝土箱涵
2	K4+520	2-5×4	102	1	钢筋混凝土箱涵
3	K4+620	2-5×4	89	1	钢筋混凝土箱涵

三、平面交叉

在工程范围内的五台山路、规划路及终点兰东路，设平面交叉3处，其中，五台山路、兰东路为信号灯控制，规划路未来结合规划连接两侧辅路、右进右出。

第八节 BIM技术工程

一、BIM技术简介

BIM（Building Information Modeling）即建筑信息模型，是以三维数字技术为基础，集成建筑工程项目各种相关信息的工程数据模型，是对工程项目设施实体与功能特性的数字化表达。出于对工程项目的精细化设计追求及对项目全寿命周期管理的需要，BIM技术是工程领域的重要技术方向。

BIM设计的基础为三维设计，在整个设计过程中，设计效果均是可视化的。相对于传统二维设计，其带来两方面的优势：一方面是设计人员对设计内容之间，以及设计内容与周边设施、周边环境之间的交互关系把握更加清晰准确；另一方面是设计方案的表达、沟通更加直观。可视化后其各方案与地形的关系，对周边环境的影响，建设方式的合理性等方面更加直观，同时，模型化使比选工程量更加准确，更有利于工程方案的决策。

根据相关要求：在公路初步设计阶段要统筹应用BIM技术和GIS技术进行方案研究和论证，提高方案比选的全面性和针对性。根据工程特点和相关文件要求，该工程在方案研究阶段开展BIM技术应用。

二、BIM技术工作特点

建立以BIM应用为载体的项目管理信息化，提升项目生产效率，提高工程质量，缩短工期，降低建造成本。其技术工作特点有如下几个方面。

1. 三维渲染，宣传展示

三维渲染动画，给人以真实感和直接的视觉冲击。方案比选可提供模型对比、业务分析、仿真模拟服务，有利于前期效果展示。

2. 快速算量，精度提升

BIM数据库的创建，通过建立5D关联数据库，可以准确、快速地计算工程量，提升施工预算的精度与效率。BIM数据库的数据粒度达到构件级，可以快速提供支撑项目各条线管理所需的数据信息，有效提升施工管理效率。BIM技术能自动计算工程实物量，这个属于较传统的算量软件的功能，在国内此项应用案例非常多。

3. 精确计划，减少浪费

施工企业精细化管理很难实现的根本原因在于海量的工程数据，无法对其快速准确地获取以支持资源计划。而BIM的出现可以让相关管理条线快速准确地获得工程基础数据，为施工企业制订精确人才计划提供有效支撑，大大减少了资源、物流和仓储环节的浪费，为实现限额领料、消耗控制提供技术支撑。

4. 多算对比，有效管控

管理的支撑是数据，项目管理的基础就是工程基础数据的管理，及时、准确地获取相关工程数据就是项目管理的核心竞争力。BIM数据库可以实现任一时点上工程基础信息的快速获取，通过合同、计划与实际施工的消耗量、分项单价、分项合价等数据的多算对比，可以有效了解项目运营是盈是亏，消耗量有无超标，进货分包单价有无失控等问题，实现对项目成本风险的有效管控。

5. 虚拟施工，有效协同

三维可视化功能再加上时间维度，可以进行虚拟施工。随时随地直观、快速地将施工计划与实际进展进行对比，同时进行有效协同，施工方、监理方甚至非工程行业出身的业主领导都对工程项目的各种问题和情况了如指掌。这样通过BIM技术结合施工方案、施工模拟和现场视频监测，可以大大减少建筑质量问题、安全问题，减少返工和整改。

6. 冲突调用，决策支持

BIM数据库中的数据具有可计量（computable）的特点，大量工程相关的信息可以为工程提供数据后台的巨大支撑。BIM中的项目基础数据可以在各管理部门进行协同和共享，工程量信息可以根据时空维度、构件类型等进行汇总、拆分、对比分析等，保证工程基础数据及时、准确地提供，为决策者制订工程造价项目群管理、进度款管理等方面的决策提供依据。

三、总体基本要求

（1）构建的模型具有各自的属性，这些属性通过软件将数据保存为信息模型，也可以由其他专业导入数据，提供了协同设计的基础。

（2）通过BIM技术使模型在三维可视化条件下进行设计，模型各个构件的空间位置得以准确定位和再现。

（3）各个专业通过相关的三维设计软件协同工作，能够最大限度地提高设计速度。建立各个专业间互享共享的数据平台，通过数据平台使各个专业模型之间进行协同和共享，从而实现各专业的有机合作，提高各阶段图纸质量。

（4）方案比选可提供模型对比、业务分析、仿真模拟服务。

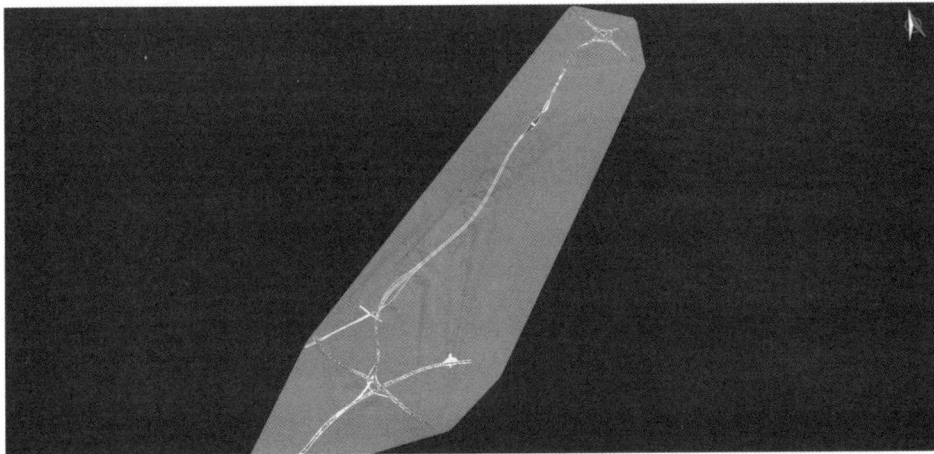

图 4.83　推荐方案总体模型效果展示

四、方案比选效果展示

（1）应用BIM技术中的车辆行驶轨迹分析功能进行检查，设计道路的宽度、设计速度和转弯半径，有利于优化道路线形设计和交叉设计，提高交通安全性和舒适性。

图 4.84　车辆行驶轨迹分析功能检查

（2）结合倾斜摄影，直观展示工程与两侧地块的关系与衔接，以视频和文档的形式输出分析结果，根据结果调整道路设计方案。

图4.85　星海滩路立交方案效果展示（A线推荐）

图4.86　星海滩路—嘉陵江路立交方案效果展示（B线）

图4.87　昆仑山路枢纽方案一：涡轮形互通立交示意图

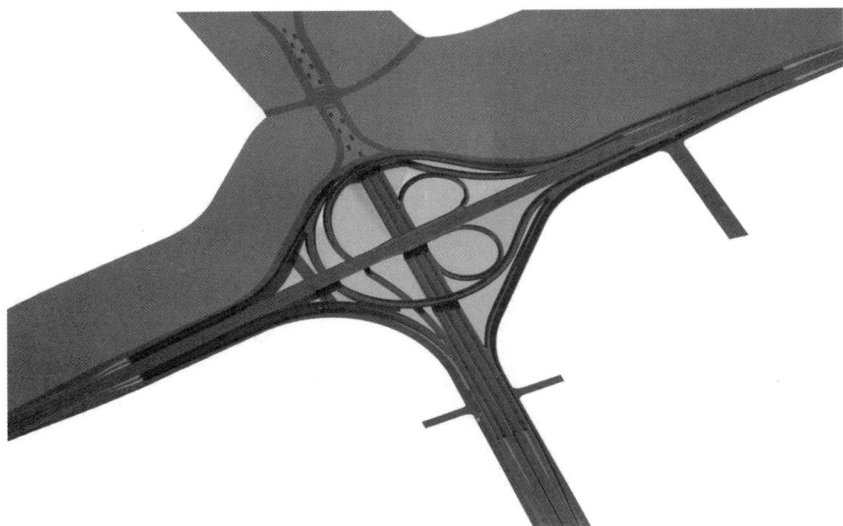

图 4.88 昆仑山路枢纽方案二：对称双环形互通立交示意图（推荐）

五、下一步工作计划

结合该项目工作特点和相关文件要求，下一步将基于施工图设计成果，完成工程总体方案、桥梁工程、道路工程、交通工程、管线和景观工程的 BIM 建模工作，将总体方案、道路交通、桥梁和管线 BIM 数字模型交付建设单位，通过直接生成 AVI 或 MPG 格式直观展示三维动画和漫游模型，实现总体方案三维展示、动画漫游效果查看和交通运行组织呈现等效果，在工程竣工前查看建成后不同位置的设计效果。